根本沒煩惱

辜琮瑜 著

〈推薦序〉

佛法裡的身心安頓

心理諮商師　游乾桂

法鼓文化來電，邀我替琮瑜老師的《根本沒煩惱》為文作序，他們告訴我，琮瑜老師目前除在大學任教，經常幫法鼓山與社區大學教授佛學與生死學課程，著有多本心靈文學與佛學專書。

在編者的形容中，琮瑜老師是位活菩薩，雖是哲學博士，但散文作品非常地平易近人、親切優美，總能將看似艱深難懂的佛法觀念，轉化為現代人容易活用的清涼智慧。因此被視為「佛教心理學」的「唯識學」，在她的巧筆下變成親切的生活經驗分享，將煩惱分門別類，個個擊破。

這個說詞我喜歡極了，我在二十年前寫了一本《用佛療心》（遠流出版），起心動念便是相信佛是心理醫生，是一門究竟的療癒、根本的方法，如果西方的心理治療是治標的，佛學心理學就是治本之道了。

被喻為心理大師的榮格便深切體會，心理治療的根本在東方。

東方是什麼？

指的便是東方的佛禪了，琮瑜老師這一本書讓我更明白，也許應該說是東方的「唯識學」。

唯識學是佛教體系中最具哲學性的學派。

「唯識思想的獨特之處，就是它的『對象理論』。唯識家從自我意識出發，含攝整個世界於意識中，論為一切對象都是識的交現，建構萬法唯識、唯識無境等理論，在人類論識史上佔有重要地位。」

「唯識學與康德、笛卡爾、胡塞爾的哲學思路是一致的。唯識學倡導『識所緣唯識所現』，強調一切認識對象都是意識的轉變，都離不開識，這是對世界哲學的重大貢獻。」

我引了一小段魏德東博士關於唯識的論述，旨在說明一點，唯識學並不易懂，但琮瑜老師把它寫得易懂好行，有所悟了，這是這一本書最精彩之處，看

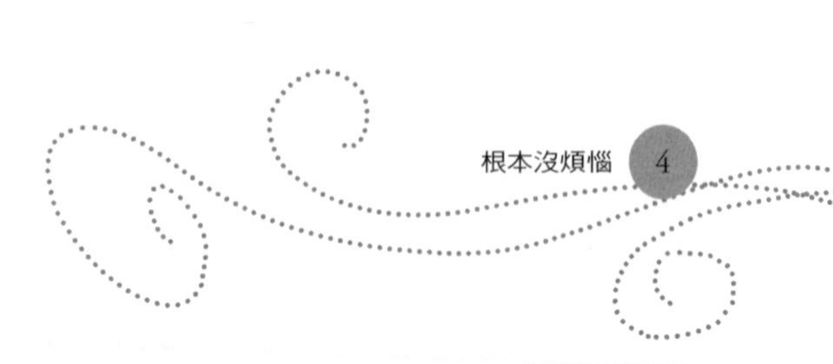

似信手拈來的作品，皆有深意，皆有對治之道，讓讀者看清了一切。

究竟便在這兒了。

臨床醫療一事我涉獵了十六年，長年在精神病院服務，看見病患來來去去，但始終跨不出門檻，原因就在於只有病兆沒有病因的醫療，事出必有因是我的醫療經驗中的體悟，任何一位患者皆有其因，而我的確看見了貪瞋癡的影響力，很多煩惱來自這三大病因。

如果無法究竟，不能菩提，少了如來，煩惱便將永遠常住。我的一位好友，長年被憂鬱症所苦，一直找不出好處方，尋醫訪仙多年，症候一直未消退，後來求助於我，我一眼便窺知問題所在，它非藥物能醫的，而是價值觀陷入困境。他們夫妻開了一家店，生意奇差，一直處於虧損狀態，開門就等三點半，缺錢缺得很焦慮，借錢借到手軟，朋友全躲了起來。

我建議他思考店的存廢，關店也許虧了錢，但保了命，一切重來，還有藥醫，萬一連命都沒了，也就什麼都沒有了。他思慮再三，聽了建言，關掉了經常跑三點半的店。雖說債務仍在，但夫妻倆都找著了工作，償還不難，憂鬱症便自動消失了。

服藥屬西方的療癒模式之一，從未斷根，當是治標，價值觀的重塑才是治本方策。《根本沒煩惱》一書短短的散文中，提供的正是究竟的開悟之門。

這本書我看來頗有共鳴，樂於推介給你。

我特別喜歡李密庵的〈半半歌〉提及的境界：讓將一半人間，一半屬己，一半給人，人人一半，人生如飴。

一生不長，八、九十年吧，用得真的不多，只是我們都要的太多，以致於太忙、太累、太煩、太多愁緒了。

這些全想通了，煩便不住了。

〈推薦序〉

關於煩惱的三個假設

滾石集團董事長　段鍾沂

《列子‧天瑞篇》裡有一則故事——杞國有一個人，擔心天會塌下來，每天茶不思飯不食，心裡一直掛念著自己哪一天會被天壓死。身旁的朋友於心不忍安慰他說，天有氣撐著是不會塌的，杞人聽了覺得也有道理，不過馬上又有了新的罣礙，天塌不了，但是地會垮啊！地垮了還不是死路一條。

杞人憂天是因為無知，無知就看不清楚、想不透徹，胡思亂想再加上貪生怕死，於是就起了煩惱。這叫「自尋煩惱」，是自己找來的煩惱。但是，由無知所引發的煩惱，來得急也去得快。杞人聽聽旁人七嘴八舌的一番說辭，當下也就釋然，管它天塌不塌、地垮不垮了，煩惱當然也就一掃而空。

古代人的煩惱與現代人的煩惱雖然不同，本質上卻都一樣，杞人憂天是自找煩惱，現在的人不一定會憂天，但是一樣會自找煩惱；古人無知，所以心裡害怕，現代人剛好相反，得到的訊息太多，有用的知識不多，知道的真相太少，同樣也會害怕，害怕就是煩惱。不過，現代人的煩惱大都是害怕「沒有」，想要「有」。「有」是欲望，欲望似乎已成了現代人煩惱的根源。有了以後，太多、太少也是煩惱，搞不定，煩惱當然也就源源不斷、生生不息了。

關於煩惱，我有三個基本假設：第一個假設是，不可能沒煩惱；第二個假設是，有煩惱比沒煩惱好；第三個假設是，原來真的沒煩惱。

不可能沒煩惱？是的，這是經驗，煩惱本來就無所不在。譬如說，我自不量力答應寫這篇序，就是自尋煩惱。但是，在慌亂中答應的時候，我並不知道它可能會變成一種煩惱，不過，答應跟不答應的結果都一樣，心裡總會有不安，煩惱也就自動纏身，想逃都逃不掉。

有煩惱比無煩惱好，這是事實，至少，我一直都這麼認為。沒有煩惱，大概只有兩種狀況，或是在兩種人身上才會發生，一種是超人、神人或是聖人，視煩惱如無物，化解煩惱的能力超強，這種人超凡入聖，天下少見。另一種則是對煩惱的辨識、感覺力極低，煩惱來了或沒來都不知道，這種人雖感覺麻木，能靠福氣避難，卻也少見。所以，知道自己不是超人、聖人、神人而是凡人的真實，也是一種自覺。只有這種自覺，才會讓自己心甘情願地去面對煩惱，而不會癡人做夢地想沒有煩惱。所以，能感覺煩惱當然比對煩惱茫然無知來得自然順當。沒有，想有是來自欲望；有了，想要沒有則是考驗，也是覺悟。

原來真的沒煩惱，這是經驗也是事實，當煩惱來了躲都躲不掉的時候，該怎麼辦？最好的辦法就是處理它。祛除煩惱是一個挑戰，喜歡挑戰的人，煩惱來了會勇敢地面對它，看看它的真面目，然後，找出一個方法對付它。面目可憎的，就把它處理掉，因為看了不順眼，不如不看。如此，煩惱「咻」一下就不見了！很難纏的，就跟它消耗，勇敢一點、堅決一點，看誰熬得久。當然，不一定每一次碰到煩惱就得跟它鬥，有時候也可以握手言和，讓條路請它先過。所以煩惱歸根究底，存不存在，你自己決定，想開一點就像考試一樣，鈴聲一響就要繳卷，沒有例外，也不得通融，所以時間也許才是煩惱最大的剋星。認真想一想，因為「有」才會「沒有」，如果本來沒有那就是沒有，所以

「煩惱根本就沒有」。

不過，也許是異想天開！我倒覺得「根本沒煩惱」的另一個境界，可不可以就把煩惱根本當作是一種享受？煩惱本來是苦的，如果把吃苦當成是吃補，苦就不是苦了，煩惱也就不是煩惱了。當然，要走到這種境界肯定很難。有心人也許要練很久，才可能會有這樣的覺悟。「根本沒煩惱」應該是在一種自覺的狀況下因自然產生的平靜與自在，而把煩惱放下來，而不是像駝鳥把頭埋在沙子裡自以為煩惱會憑空消失，煩惱看似不見了，其實它還是存在的！

對於悲傷與快樂，如果快樂源自於悲傷，或是悲傷出自於快樂，當二者都是生命中無可避免之承擔時，我們為什麼還要去分辨悲傷與快樂？煩惱之有無，一如悲傷與快樂，來的時候雙手迎接它，走的時候揮手說再見，來來去去之間，終究會取得一個平衡，也許這也是一種「根本沒煩惱」。

謝謝琮瑜老師的《根本沒煩惱》給了我很多的啟發，也給了一個長年在煩惱之間進出、個性固執、觀念混亂、行為粗糙的人，在寫這篇序時，有了一個重新檢視觀察、面對自己的機會。

〈新版自序〉

微笑，與煩惱再見

六年前《根本沒煩惱》出書之際，朋友曾搖搖頭笑著說：「根本沒煩惱，是個大妄語。」

一句話道出的是惕勵與省思，寫這樣一本書，說的當然不是如何或已經「根本沒煩惱」，而是在與煩惱搏鬥過程中的體驗與掙扎。

也許就像「書寫治療」中所謂的，透過書寫讓自己更清楚問題，試著從自己的角度轉換成閱讀者的第三者角度來看問題，對於釐清煩惱的紊雜或跳出自我困限的框架，可以產生出另一種力量。

而之所以以唯識學對煩惱的闡釋來分解這些日常生活的紀錄，當然也不是因為對唯識學已經有了多麼深刻的體會。記得研究唯識的學長曾說，讀唯識沒有幾年的工夫，說不上「懂」，更別提「體解」或「入門」，但煩惱是那麼具體而微細地在生活中見縫插針、來來去去，不想因此怯步或逃避生命的功課，畢竟那不是試圖從佛法中期許自我鍛鍊者當有的行徑。尤其，讀唯識的初發心，是建立在那些對「煩惱」的思惟與觀照上。因此，這樣以唯識的煩惱來對應生活中的札記，也成了再版的重要連結。

書即將再版之際，再讀再思，雖仍為多年來習氣的纏繞羞愧，也仍在煩惱中拉扯、牽動，但願意透過這樣的書寫，一次又一次地面對生命的課題，雖然知道那麼困難，但偶有清明短暫乍現，對生命而言，卻絕對是艱苦而值得的。

感謝十三年前在農禪寺荷池旁的邂逅因緣，踏入佛法是生命重啟的最大支持。感恩法鼓山所有人事物的滋養，使我面對生命中的種種考驗總有源頭活水的潤澤。果賢法師、張晴、碧卿以及所有願意陪伴這些文字，讓它們以全新面貌出現的朋友，說不出的感謝，希望從心與心的流動中感知了。

如果這六年來生命中的歷練還有一點點值得端出來分享，則是要感謝教學生涯中所有學生的陪伴與觸發，僅以此書獻給所有與煩惱對陣的朋友。

〈初版自序〉

煩惱如冰，遇熱即融

第一次在唯識學的課堂上讀到關於「煩惱」的身世與性情，就彷彿找到了一服可以ＤＩＹ的心靈補帖。原來煩惱是這樣那樣形成的，原來煩惱有著如此這般的難纏蛛網，原來我們常常把自己用煩惱索緊緊纏繞，卻還自以為那是生命中的美麗因緣。

記得有一回採訪一位美國佛教學者，當然，他的中文因為在北京學的，國語說得比我還溜。我們談起他的研究計畫，他說：「天台宗關於煩惱的問題，深深吸引我投入研究。」原因咧？「因為煩惱很重，很想知道怎樣可以『煩惱即菩提』啊！」

是的，寫這本書也是這樣的企圖吧，因為煩惱很重，不斷與它們結緣的後果，便是有一種「久病成良醫」的熟悉與深入。雖然還不見得治得了自己百般煩惱結，但逐漸學會煩惱上門時，把它們阻在門外，然後說：「等一等，不一定要把事情攪擾成煩惱吧。」

而唯識學中學來的諸種知識，如果能轉化在生活中，可能才不會枉費那時苦苦煎熬讀那些難懂的原典的歷程吧。生活中的一些體驗與分享，總是一件件可以拆解成各種煩惱，如果能與經典裡說的相對應，然後送上一些提醒，可能比較有意思吧。在這樣的意念下，這本書的樣子就這樣長出來了。

一篇篇的感動也好、體會也好、警惕也好，到底這都是些什麼樣的煩惱？這些煩惱難道真的都是賊嗎？可不可能轉成良人，變成生命中的善知識？煩惱可以定義嗎？瞭解它們的特質與危險，至少就可以少被它們綁架了你的心。

其實，就像「煩惱即菩提」的期待，煩惱就像冰，遇熱融化之後，就成了菩提甘露清涼水了。只看你願意用什麼心跟它們打交道吧。

怎樣看這本書呢？如果你願意陪我一起走一趟煩惱體檢ＤＩＹ，你就會在幾篇文章之後，發現原來裡面說的，就是一種煩惱的罣礙，以及我是如何看待這些煩惱的。經典裡教給我們前人的智慧，我只是拿來自我練習，以及與你分享罷了。

就這樣子，很簡單的，因為啊，只要你認識它們，就根本沒煩惱啦！

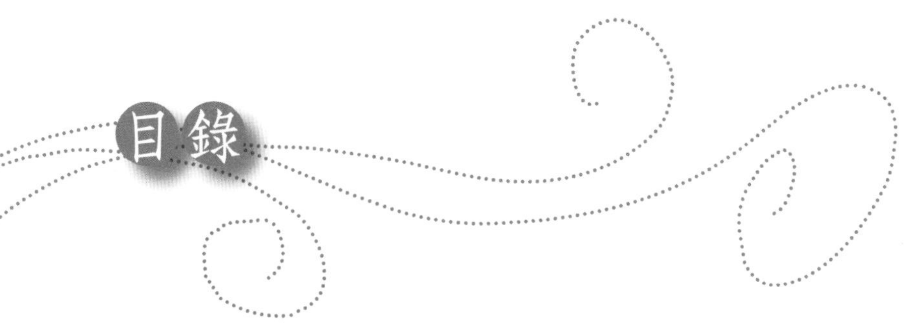

目錄

小隨煩惱

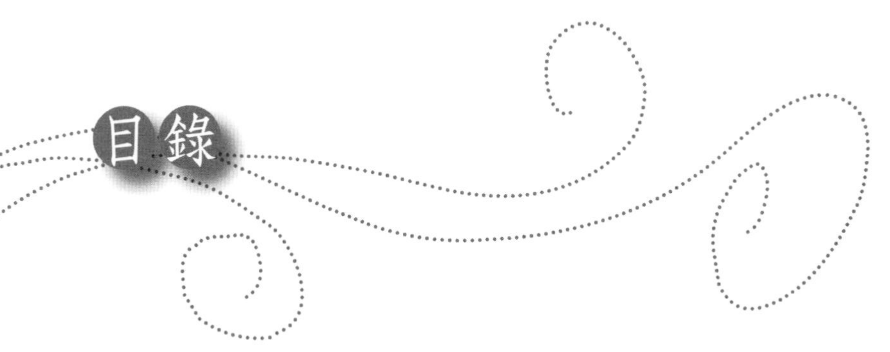

中隨煩惱

大隨煩惱

〈前言〉

煩惱體檢DIY

這本書說著一些故事，也試圖描繪出煩惱的模樣，至於如何讓你認識煩惱，擺脫這些小怪獸的騷擾，下面的步驟是我的經驗。

如果你也願意與我分享你的心得，可以寫信給我喔：

aries@mail.hwc.edu.tw

一、**感覺與煩惱邂逅的那一刻，為自己的情緒把脈：**

不知怎地，心裡頭開始隱約地不舒服起來，有時如針刺，有時烈焰灼燒，有時昏頭脹腦，有時心神渙散。這些都是開始跟煩惱邂逅的徵兆。在它們還只是一個一個的念頭滲入時，在它們還沒開始脅迫你行動時，趕快停止被騷動的心，感覺一下此刻你正陷入哪一種情緒中。

二、看清楚煩惱的德性：

打開書裡煩惱怪獸的介紹，那裡有來自經典的記載和對煩惱怪獸的描述。有怪獸的本質、特性、喜歡靠近的氣息、表現出來的模樣，以及銷毀的方法。

當你為自己的情緒把完脈，可以來對照一下這些煩惱怪獸的紀錄，看清楚究竟是哪一隻，或哪些怪獸正侵入你平靜、穩定、安寧的世界。

或者，你也可以參考書中的文章，那是我的生活紀錄與朋友們的經驗，裡頭也有一些我們與煩惱怪獸打交道的心得可以對照喔！

三、檢視自己的心：

然後，你要深刻地檢視你的心，而不只是感覺。你要開始看清楚，自己為什麼會讓怪獸趁虛而入。你的心，屬於哪一種狀態？噓，要很安靜地聽你自己內在的聲音，不用急著下判斷，讓你的心自己說出它的想法，自己流出那些沉睡很久的記憶或印象。

四、打開測試鈕：你開始跟煩惱相應了嗎？

對照一下，你的心是否正跟某些煩惱怪獸相呼應？或者，有時只是一些輕微的波動，還沒開始開門讓煩惱怪獸進入，那就不用客氣，把門闔上。

如果真的對應到了呢？頻率接通了，就是這樣那樣很苦惱呢？

五、調頻，轉出煩惱台：

都用過收音機的調頻鈕吧！轉台。

斷然地轉台，因為一直對應，一直收聽，一直靠近，煩惱怪獸就會駐足，然後一直調大音量，不斷沖刷你的眼耳鼻舌身意。到時，想轉台的念頭都會被打消，還會沉醉其中無法拔除呢！

六、怪獸不見了：

是的，怪獸當然可能不見了。當你認清楚它們的把戲，不讓它們有機可乘，或在它們上門以後，毅然決然地宣布絕交，煩惱怪獸也就拿你沒輒了。

說到底：根本沒煩惱嘛！

煩惱一覽表

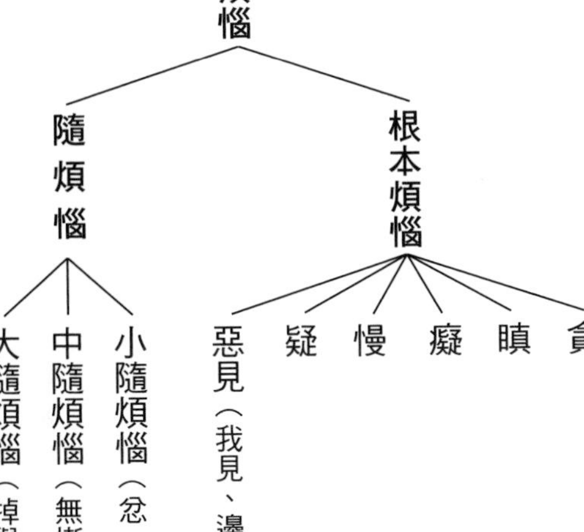

惡見（我見、邊執見、邪見、見取見、戒禁取見）

小隨煩惱（忿、恨、覆、惱、嫉、慳、誑、諂、害、憍）

中隨煩惱（無慚、無愧）

大隨煩惱（掉舉、惛沉、不信、懈怠、放逸、失念、散亂、不正知）

根本煩惱

貪

·

瞋

·

癡

·

慢

·

疑

·

惡見

·

我見

·

邊執見

·

邪見

·

見取見

·

戒禁取見

貪

染著、渴愛、求不得苦與患得患失。

透視貪煩惱

貪煩惱是一隻欲望怪獸。每當人們與身邊、周遭的事物交手，它就在一旁窺伺，然後跟你耳語：「你喜歡上了這個人、這件事、這些東西了喔！」當你的心動了念頭，它就來說：「喜歡就要擁有。」然後，你開始念念不忘，開始從心底生起一種渴愛，神魂顛倒，求到了怕失去，求不得更是輾轉反側。

這隻欲望怪獸明知不是什麼東西想要就弄得到手，偏偏來弄皺一池春水。聖嚴師父有一句話說：「需要的不多，想要的太多。」貪煩惱這隻怪獸，最喜歡的，就是在「需要」之外，不斷開闢「想要」的領土。

既然打也打不掉，推也推不開，不如，請它陪我們在遇到誘惑的時候一起想想「需要的不多，想要的太多」這句話，讓那股掠奪的意念、患得患失的惱火，可以接受清明的心清醒的檢證。

貪煩惱

絕對的空白究竟的孤寂

即將暫別五年來最熟悉的場景，忽然發現不只是心境有極大的迴旋，連景物的觸發都有些許陌生。每個月定期要出刊的雜誌，是一份最最展現人的性格的雜誌，主事者對文字、對法的體會、對人與對事的覺受，都會在不經意間，形成一股說不出來的氛圍。有的人編出來的雜誌清冷中雋永有味，有的卻繽紛中別有逸趣，就像文章，不可能客觀與超然物外，所以在這個即將轉換的時空之下，連最熟悉的編務都陌生。不是過程的陌生，而是雜誌好像自己活出另一種姿態，莫非它也知道我即將暫別，所以也有一股分手的況味？

事實上，要暫別一個每天至少守著八個小時以上的空間與情境，好像該有一點什麼不捨與離情。朋友調侃地說，捨得下這些那些人與人之間相處的慣性嗎？好像捨不下的還不只這些，晨昏間的不同韻致，青山綠野四時不同的手姿，甚至山間雲彩有時油墨濃重，有時輕描淡寫的變幻，都已經成為最日常的景致了。拉開百葉窗就是山光雲影，走幾步路就是農禪故事，然而五年的歲月，體會的不只是這樣的外境氣氛，更多的是在法上的學習，以及抽離了世間爭逐之後的人與人之間的善意與清明，這樣的歲月，很難用捨不捨得來看待。

可是，就因為難以割捨，所以一定要做個決定的時候，對無常的體會才深刻吧。沒有什麼是不可能改變的，沒有什麼是絕對不會分割切離的，緣生緣滅是在努力之後，就隨順吧。

也為了這次的別離，只好開始整理自己堆埋了五年的收藏，朋友看著我豐富到很難理清的抽屜，不相信那麼快一大櫃子的書與資料可以快速出清，也沒想到我卻在幾天之間迅速地消滅許多原以為很難割捨的事物。一邊看著總以為會用得著所以不捨得送人或清除的書、資料與書信，突然發現，其實事過境遷之後，該留的都已經在記憶中、意識上儲存好種子了；而不會記得的，即使滿滿一櫃的資料，也都只是白紙黑字。有用的，在要用的那一刻，就已經盡了該盡的義務與責任；用不上的，就只有在合適的因緣下，人、物各盡其用吧。收藏，無論是記憶或物資，乃至於人力，有時只是一些多餘的不捨而已，一陣子不去清理，就會堆積成煩惱。難怪人們愛說：「留來留去留成愁呢！」

坐在清爽的桌面與櫃子間，好像整個身心也鬆脫開來，肩膀上不再有壓迫感，心境上也似乎放下許多的牽掛。記得朋友以前來看我，總笑說難怪心思繁複，桌面與隔屏也是如此紊雜，以前不懂，突然間豁然開朗，才知滋味真好。

同事問起幾時回來，突然有一種遠行的孤寂感，可是那種孤寂卻彷彿有一股不知名的力量暗藏其中，無論有沒有周全的計畫，其實未知的世界並不可怕，反而充滿生機與可能性，人就是要在這種依戀與重新出發之間撥開一條路，才能走出鮮活的生命吧！

五年與五個月，甚至五天、五個小時，只要每一分、每一秒用心地活過，時間的長短，哪裡那麼絕對呢？

●貪煩惱●

在生與死之間迴盪的空氣

生日那一天夜裡，一個人在街上晃著。忘了帶車鑰匙出門，走著走著，還是回到家裡。出門的那一刻，有一種逃躲的心情，走著走著，卻覺得流連的心，其實只是顫抖著不知何去何從。

那日早晨還在昏昧中，突然聽聞先生的外婆過世的消息。是在睡夢中走的，正睡得迷迷濛濛的我，有一種極為不真實的感覺。醒來之後，心還是恍惚的。從來沒見過爺爺、奶奶、外公、外婆的我，對於親人過世唯一的記憶是父母兩年內接連離去，而記憶似乎已經被我故意地遺忘與隱藏，因此乍然間聽聞，第一個念頭居然是逃走。

外婆我們都喚她老婆婆，瘦弱而堅毅的身子，幾經醫生宣告病危，卻都好好地活了回來。但這次，她選擇在一個週日的假期，睡眠中離開，感覺便不真實起來。

出殯那日，家祭中隨著司儀的指揮，跪拜著、叩頭著、答禮著，我突然發現自己完全想不起來父母過世時，自己在儀式中怎麼經過的。一向記憶好得驚人的我，居然把那一段歷程完全地埋葬起來。

一直到瞻仰老婆婆儀容，乃至於隨著佛號聲送至火葬場，記憶才又一點一滴地回來，而且清晰如昨日。原來，這些日子來的堅毅，只是埋藏了記憶。

想著，要讓他們走得安然，不要對人世有著不捨，該當一心清冷；在隊伍中走著，也想著，如果躺在棺木中的就是自己，看著那麼多人陪伴著、送著，真的能夠捨得下嗎？許多的人、事、物，都捨得下嗎？

難怪生死之間，最易喚起學佛求解脫、求出離的初發心了。在殯儀館中走著，不再如往昔般有著莫名的恐懼，對死亡也不再充塞著忌諱。可是，如果自己也如此這般睡夢中就離開了，捨得下這些最親的人、最好的朋友、最喜歡的事物，乃至於手邊放不下的工作或責任嗎？

問著自己，心卻有一股荒涼。想著以後每年的生日，正好就是老婆婆的忌辰，每一年，都是一份提醒，真實地面對生死的流轉，真實地不容逃躲的——死亡的課題。

想起法師說的一個練習，每天睡前，想一想那天最後的一個念頭是什麼？是妄念還是正念；以及醒來時的第一個念頭是什麼？如果是妄念，那第二念呢？是愈來愈紛雜，還是能快速地把念頭扶正，不再隨妄念流轉到不知所終之處？

是的，如果不能每日每日這樣練習、熏習，到了有一日如果福報夠好，也能在睡夢中悠然而去，別說想要往生淨土，光是一念不捨，就不知要讓自己流轉多少回合了。

從一日一日的練習開始，讓佛菩薩的解脫、出離與菩提心陪伴自己睡去、醒來，才是最可靠的練習死亡的課題吧。

貪煩惱

念念不忘不自由

到過一個難忘的地方，體會到陌生城市美麗的況味，尤其如果一輩子沒在雪地踩踏，就更難忘懷那樣的寂白；吃到難得的珍饈，享用了一種超乎尋常的滋味，口舌間嚐到的味道轉化成心的思念更難取消；與好友度過一個愉悅的午後，亮麗的陽光、濃郁的咖啡香，即便話題早已忘失，場景與情意卻縈繞心頭久久難捨。

我們的記憶寶袋裡，隨便一掏便是這樣趣致的集結。

或者是一場被風雨打壞的遊記，濕漉漉的印象想起就懊惱；一次不愉快的對話，從此把某個人當作拒絕往來戶，或想起時便忍不住的怨怒難平；一段傷感的戀情，讓人許久不願再碰觸與那人相關的情境，觸景傷情可以說是最普遍

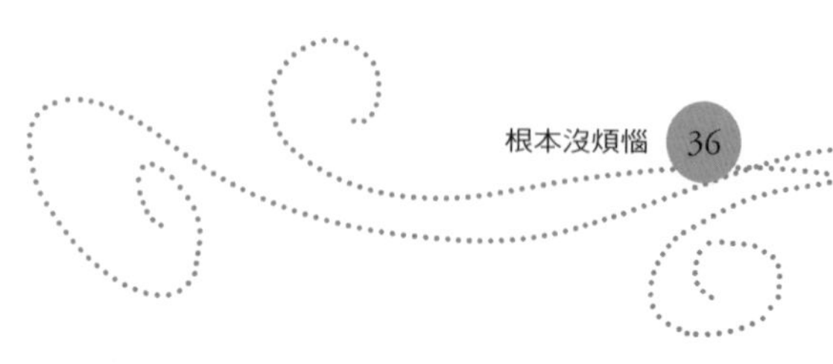

的悲戚。

我們的記憶庫裡，也藏著許多這類含著痛楚的思憶，想起就心頭糾結，無法釋懷。

而這些美麗的、苦痛的回憶，常常會變成念頭，時不時跑出來動動心，讓人有時惦念，有時心絞，雖然都是過往的痕跡，卻常常借屍還魂，只要類似的情境出現，若干人、若干事彷彿就像不放過自己一般，回頭再來一箭，讓已經不存在的事物，重新起作用。

所以念念不忘，就是一種對自己最大的懲罰吧。

禪修時候，念頭的生起，常常就是這樣伴隨著想記起來的、想遺忘的事物，在寂然的時刻，沒有人事物干擾的一刻，悄悄爬回心頭，讓人渾然似進入一齣齣自己導演的戲裡回味與思量。

這時，才發現如果無法念念不住，身心就又被已經過了的事情重新綑綁，那種不自由、不自在的苦惱，原來正是自己無法放過自己的癥結所在。

生病的時候，我們全副身心用來覺受生病的痛苦與煎熬；思念某些人、某些事的時候，我們高舉著白旗跟對方說，來套牢我吧！不要自由只要牽絆。雖然戀戀情事看似浪漫而美好，可是，陷入其中的心，不正是苦惱與憂悲嗎？

人好像一定要落入痛苦的煩惱中，才會想要解脫牢籠，才會想要解開束縛，體會自由；念念不忘雖然痛苦，卻也是很多人陶醉於痛苦糾結、逃避現實換來暫時舒緩的方法。可是，終究，還是困局一場。

微風輕輕拂過原野間的野花野草，不為什麼，也不留下什麼，可就是有一股舒緩而自由的空氣飄盪著。因為風是最不牽絆自己的東西吧，拂過所有美麗的、悲傷的故事，卻就這樣讓故事一一流過，不參與卻也享受了花草的清香。

原來，佛教不是要我們棄絕人生的美好與逃避必然的悲傷，只是在那當下用心地活過，然後，就放過記憶也放過自己吧！

瞋

來自憎恚，
對外境討厭、不耐煩，
心不安穩，
熱惱無法控制。

透視瞋煩惱

瞋煩惱是一隻隨時帶著火球的怪獸。它有靈敏的嗅覺，最容易聞出火藥味兒。只要你心頭生起一種討厭、不耐煩的情緒，無論是取消約會的怨懟、嫌棄別人不理解的不耐煩，或根本只是一個路人甲穿了一襲你看不順眼的衣裳，它就會滿意地對著你的怨憎噴出一把火，絕對讓你從本來只有一絲絲厭煩，馬上變成一團瞋恚的大火球。

對付瞋煩惱的滅火芭蕉扇不是別的什麼絲質的、蒲草的扇子，其實只要當你在看待外境時，心中能夠多一份體諒、慈悲、包容、智慧，那就什麼火球也上不了你的身了。

可是，一定有些時候，火氣上來了，就腦門充血，難以控制，記得時時提醒自己，炎炎夏日，天乾物燥，小心火燭呦！

瞋煩惱

來者是友是敵？

身邊的朋友會變成朋友，總有些因緣，或是恩，有的甚至從怨、從互相看不對眼開始。但總之，有一天，忽然因緣成熟了，可能是有陽光的下午，不小心喝起咖啡，說到一些感動或交流了些溫暖，瞬間刀兵相見的過往消逝了，取而代之的是一種陪伴的心情。

有些人你第一眼見著他，就知道這個人一定會與你的生命有所關涉，這樣的朋友是理所當然的；但有些人，你一見到，居然在未識對方的情況下，油然生起敵意，彷彿是來與自己作對的，卻又有一種業力相牽似的，老是閃避不及，愈想逃走，愈是被黏著，揮之不去。

記得高中時期就曾有過這樣的因緣，那時編著校刊，與他班的一位同學

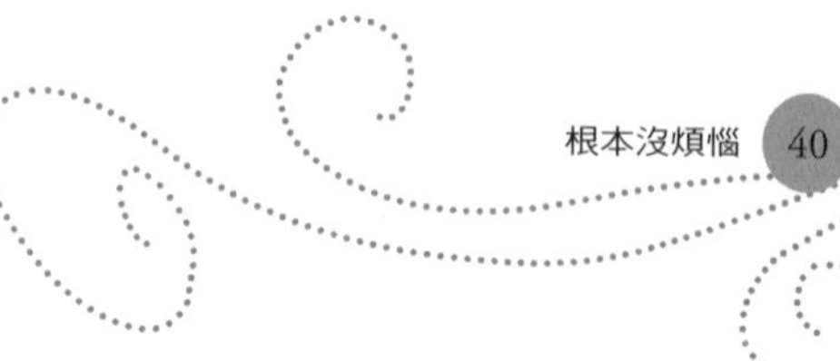

當起了夥伴，也不知哪根筋不對，只要看到她就閃，而向來不擅遮掩脾性的自己，永遠不懂得在臉上假裝一絲溫柔。

不料隔年對方的班級拆了班，她也因緣際會地編進我們班上，相似的高度使她坐到我的正後方，當然由於同為校刊編輯，相對於班上同學的陌生，我突然成了她寫紙條、戳後背說話兒的少數對象。

於是在這種不好意思拒絕的因緣下，才慢慢卸下自己沒來由的冷淡，甚至敵意，乃至於三年來成了極親的密友。

事實上，生命過程中諸如此類的因緣多得不勝枚舉，一直到讀到「天女散花」的故事，才有了不同的體悟，並開始試著用「做功課」的心態看待這樣的來去。

話說天女們聽聞了維摩詰居士與文殊師利菩薩的對話，極為讚歎，忙來散花。而那一些拘謹的阿羅漢們，在花灑在身上時，忙不迭地揮撲著，想把花瓣兒掃開，卻是愈掃愈黏，好不尷尬。於是忙忙問起：「這究竟怎麼回事，誰跟他們過不去哩？」

原來是阿羅漢們怕花黏著失了威儀，急忙要撲走；而也就是這樣的動作與心念，表示了他們的心仍有沾黏與執著，花瓣兒歸花瓣兒，誰說就是不威儀？威不威儀可不是花瓣兒可以決定的。

仍在那兒喜歡或討厭身邊的人，分辨著誰是友？誰是敵？看這個順眼那個不耐煩時，那因緣可就有趣了，偏偏都來你身邊環繞著。除非有一天，看誰都是平平等等、自自然然的那一刻，可能就不會特別有一種「怨憎會、愛別離」的無奈了吧。那一刻，大概就會清爽地看待身邊的人，喔！原來都是增上緣，即使微笑都彷彿在說法，都是善知識呢！

哪天，如果也讓花沾了滿身，願只聞撲鼻香，不起罣礙意。

心靈處方箋

體諒、慈悲、包容、智慧

炙熱中的清涼

炙熱的夏日，偌大的書庫點著明亮無比的燈光，大型風扇對準一字排開的檢驗桌與層層疊放的一箱箱書，準備讓大夥兒大展身手。

這是隱藏在關渡平原中的一間書庫，在進入盛夏七月時的排場。主角是我們公司的每一位工作夥伴。而所有的因緣，來自大家對法寶的珍惜與寶愛。

聖嚴師父的《法鼓全集》，終於在全力編纂的編輯們每日五萬字的編校中完成。但也許一次印製數千套，每套七十本的精裝書，對印刷廠而言，是個太過沉重的負擔吧。書印製出來後，伴隨歡喜的時間並沒有維持太久，就傳來裝冊有問題的反應。為了把師父的書以更完美的方式交到讀者手中，我們決定將一箱箱已經排配好的書拆開來重新檢驗、裝箱。

這樣的決定看似簡單，工程卻浩大無比。而且為了即將大量檢測，決定讓全公司的人一起到倉庫完成初步的排配與檢驗的流程。雖然時間就因緣具足地發生在七月，但這個暑日卻也因著這個因緣，而有了不同的溫度體驗。

雖然真的很熱，檢查書的時候，或坐或站著的人並沒有做出什麼樣的大動作，但汗水卻沒有預警地滴滴答答落下，已經不是緩緩流出的速度了。而負責搬書的人，不但要拆箱、分類、發書，等檢查完成，還有一批人要把書裝回，並進一步安置在妥當的位置，那就已經無法用飆汗可以形容的了。

但讓人動容的，是大夥兒邊做邊念佛、數息，或者專注其中的神情。捧著師父的書，一種珍惜法寶的心，讓大家都安定而欣悅。雖然動作可能不斷重複，還有人笑稱彷彿是一條條工廠的加工線，但是卻沒有人因而起了煩惱，動了火氣。

書是師父一字字寫出來的法寶，蘊藏著師父的悲心與宏願，期待著把這麼好的佛法讓更多人知道，而且不只是知識上的理解，更有著修行上的實證，以及生活中運用的願力，在在都使這七十本一套的全集如金剛寶鑽般的純粹而稀罕。所以，即使在印製、裝訂，乃至包裝的過程中出了或大或小的瑕疵或差錯，都無損於它們精粹的價值。而做為師父口中文字弘法健將的我們，只是區區出了點汗，稍稍遠離辦公桌工作的慣性，能為這套珠玉盡一點點我們該盡的心力，反而有一種感恩的心。

一邊翻閱檢查著，一邊彷佛也讀著師父的心，那種謹慎捧讀在手，或仔細端詳的心思與眼神，使得炙熱的暑日彷佛也失色不少。檢查的那些天，佛菩薩也彷如降著甘露般，清涼的雨水也來陪伴。

倉庫外就是一大片一大片的荷花池，這裡的荷花開著白色無瑕的美麗花朵，清麗中顯得溫婉，午休時間漫步荷池邊，感覺著蓮池海會的莊嚴與清涼，有人誦著佛號，隨風送到處處，這樣的熾熱時節，感覺到的卻是彼此生命中流動著的喜悅與力道。

體檢瞋煩惱

瞋火的受害者到底是誰？

是懲罰別人還是自己？

你相信慈悲心可以對治瞋恨心嗎？

萬一明明是別人故意犯錯傷害你，

你能夠轉換生氣的情緒，

以慈悲心對待他嗎？

癡

迷失、昏闇、懵昧於真理，生出不清淨、不清楚與混亂。

透視癡煩惱

癡煩惱長得很曖昧，不仔細看很容易被它騙了。它總是帶一條漂亮的絲巾，趁你不注意就往你眼睛一矇，你還以為路變漂亮了，結果，就開始迷失，怎麼也走不出來。

如果你發現自己突然變得思緒一團亂，突然變得懶洋洋、散漫倦怠；或者，如果你明知這樣那樣是對的，偏偏賭氣或堅持走一條沒把握的路，小心，大概是癡煩惱偷偷把你的靈明智慧給蒙蔽了。因為迷失，你開始為自己的行為找合理化的藉口，甚至，招惹出一大堆麻煩事兒還不肯面對現實。

對付癡煩惱，可以試試冷水兜頭潑下的滋味，以體會清醒；可以在躺著想得天昏地暗時趕快站起來勇敢面對難題。當然，如果平日能多汲取、累積智慧的資糧，以備不時之需，這個曖昧的傢伙，就不容易對你下手了。

癡煩惱

病痛老天好禮

生病的當下，有懊惱也很有一點火氣，覺得好端端的世界怎麼又變了個樣。安排好的事情一定要被改變，進度耽誤了，情緒自然也受擾。

可是，生病一定也是好禮，愉悅地端然收下，才發現即使是生病，總也能發現病得值得。女兒才剛學會黃香溫席的故事，那日見我手腳冰冷，突然脫下熱烘烘的外套蓋在我身上，說：「妳不是很冷嗎？我的外套現在很暖喔。」

除了這樣的溫柔，是要病中脆弱一些的心思才體會得到，還有一些習以為常的事，居然也要謝謝這場病帶來的禮。例如一些錯誤習慣的養成，原來是因為觀念的根深柢固。向來喝咖啡，總習慣沖一大杯慢慢喝，放杯咖啡冷在一邊也無妨，只是習慣了有那樣的香味相伴。

聽了醫生一席話，差點沒抱著胃嚴重地致歉。原來，咖啡的好，在於最初沖泡出的那一刻，所以要以最快的速度沖泡，才能嚐到其中的好處，而不至於讓後面緩緩流出的東西腐蝕自己的胃。自己向來以為要讓水多碰觸咖啡久一些，才喝得到香濃滋味。這下可好，愈是香濃，愈是傷害。這些習慣不是因為行為的難以馴服，根本是觀念上的誤失。

生活中這樣美麗的錯誤，還真是多得數不清。

有個朋友，大小事情都不願意麻煩別人，所有別人的關切在他眼中都是多餘。另個朋友實在按捺不住，在他生病時忍不住叨念，認為這樣的人是不慈悲，因為不給別人付出關懷的機會。我們目瞪口呆地怔在那兒想了想，很多事情真的只是一念之間。

本以為不想變成別人的麻煩或負擔，卻沒想到對某些交情的朋友來說，那樣的關懷一點也不麻煩，反而是一種付出的時機因緣。有時別人只是想傳達一份誠摯的關切，有時甚且是一份回饋或感恩，如果樣樣滴水不漏，似乎也太矯情了些。終於有點懂聖嚴師父說的，有時家人之間不能光講理，也得用感性。

生病的禮還有一份，就是身體自己發出的訊號。平日生活總是被計畫切割，時間變成塊狀，什麼時候吃食、睡覺、走走路、休息、用功，最好有個大略的規畫，才不會因為隨性又隨興，而終究被怠惰打敗，搞得一團亂。然而所有的規畫中，最常被忽略的，居然是身體自然的生理時鐘。

生病時，身體變得十分敏感，不對的味道、不對的食物、不對的作息，身體都會自動發出排拒的作用。於是試著練習讓身體的生理時鐘來調時間，讓身體的細膩覺受來搜尋平日忽略的事物，才發現，其實身心是那麼密切而吻合。生理的反應牽動著心，心的覺受又牽動著生理，那細細的線重新搭起，才知道平日都在「唬弄」自己呢！

一旦重新整治好自己，再來看待外境，好像觸角多長了幾根，心的密度也高了些，才知道什麼是山河大地森羅萬象。聽著朋友從電話那端傳來的尋常微笑，彷彿也能看得到一朵朵如花燦爛呢！

心靈處方箋

照顧好身心靈

癡煩惱

熱心冷眼看世間

極靜極深的夜裡，突然下起了雨。初初從雨聲聽來，還真算是雨疏風驟，然後就轉換以一種極為規律的聲音，和著電腦鍵盤另一種規律，演出一場清脆的樂章。可是，昨日還熱了一天呢。

所謂的天地無常，就是這樣吧。

天熱的白日，還與朋友們談了一會兒因緣錯綜的情事。分析著種種狀態，這樣那樣的問題如何解決，這樣那樣的人情如何應對。回家之後，只覺得事情就遠了，而在這樣的夜裡，那些人、那些事當然更遠的不見踪跡了。

朋友問著：「談完這些事情，心境可有受到干擾或影響？」停頓了一會兒，感覺到的是一片光風霽月。好像因緣來時，或有雲影飄來盪去，一旦因緣散了，情境、事相也就渾然不覺地消抹了。

以前，好像不會消散那麼快。

想想，是不是熱心腸不見了？摸摸，還熱得很；原來，單純的生活，或者規律的狀態、安定的心，讓生命練就出一雙冷眼吧。生活中的一切都還循著一些舊有的痕跡在進行，朋友說起生活中的點滴，好像也歲久年深般，沒什麼變化。可是，看待事情的心眼變了，那看似如常的軌跡，也有了新的覺受。

就是這樣的心眼，使人不再輕易跳進慣性的陷阱。一樣的狀態，一樣的糾葛，一樣可能造成煩惱的人間故事，當陷落其中時，誰也勸不來；一旦嚐到離脫的清涼味，就不願輕易又捲回去，甚至不知當時那些傻勁是怎麼生出來的。

就像聖嚴師父說的，只要嚐到一點禪修的輕安，便會對許多看似享受，其實惱熱的事物失去貪染的興趣。當然，慣性是不可能跳出就不再受限的，只要是慣性，就有一股強大而濃烈的拉扯張力，就是生生世世不斷造作的業種編織出的大網，有苦，也有一些牽纏的美味。

這樣就更知道時時提醒，時時保護心的作用是多麼難，又多麼重要了。也像師父說的，開悟見性的經驗，是電光火石般，倏忽就失去；除非不斷不斷地努力，才能保持這樣的經驗，使它更穩定、更長久，作用也才會足夠強大，到終於漸漸制伏煩惱。

根本連禪修的穩定都談不上，只是日常的單純化、心念的調整，就能體會到下雨就下雨，睡覺更安穩的滋味，怎會不珍惜有好老師教，有好方法練習的因緣？

談著往昔生活中的起伏，看著心中波動的不再是大浪，而漸漸只剩下漣漪，有種清趣，也很感恩，沒有被這樣的浪頭敲打過，還很難體會風平浪靜的恬淡自適呢！

而令人感慨的，是韶光又這樣過了一年，才說著兩千年是這樣殊勝而獨特，馬上又要翻新月曆了。如果沒有一點點長進，要提昇談何容易；要沉墮，則輕輕一推就萬劫不復了。

打結與鬆綁

上過童軍課都會學一點打結的技巧，幾塊竹片，就有了嶄新的生命與機能。喜歡打中國結或是做手工藝的人，也都熟稔打結的趣味，一條條互不相干的美麗線段，巧手之下，功用無窮。遠古的人們，打結也很重要，記不住的事情，無法確認的承諾，打個結，便有了信任與提醒。

打結，是一種象徵或符號，有時候，也是樂趣與訓練。但如果是在心頭打結，可就得有魔術師的技術，雙手反綁鎖在一口箱子裡，扔進水裡，然後解套。否則，一日日的無法鬆綁，就只好漸漸窒息。

打著繩結玩的時候，突然想到一段還處於繩索牽纏的因緣。有時是關心的，但想到彼此曾經的誤會，乃至於不諒解，又有點猶疑：到底，這結是鬆開了，還是偶會糾結？細細想想，能不能清楚這結的來歷，然後觀察這結還在不在心頭縈繞，以及如果還纏著，好不好鬆開，有沒有下手處？想到這樣的歷程，會不會心頭閃過一絲絲微細而糾結的痠痛？

原本彼此的結應該就只是提攜與成長的，像是頸項間可以調長調短的活結；只是長久相處的過程中，過於緊密的合作與互動，以及過度高估彼此的默契，而在一個一個小小的誤解與錯判之後，把裝飾用的美麗繩結，打得歪歪扭扭，而無法找出繩結間的脈絡，鬆緊之間於是失去調節作用。

朋友談起這樣的因緣，因為觀察的角度不同，突然找出了解開繩結的反向思考，只是一個技巧，就可以豁然開朗。就像學習打結與鬆綁的歷程，有時候心思卡住了，老師怎麼教，就是手扭不過去，結打不出來。突然間，看著示範者的角度調偏一點，就看懂，也打得出來了。

打結當然有用，只要這個結是活的；生命的因緣來去間，對成長學習與互動，自然也是充滿著意義，只要彼此不是纏繞著煩惱。所以，還是活絡的心思最要緊吧！就如血路與水潭，想要活絡，就得澄淨；澄淨的來源，當然還是穩定的身心。雜質先要沉澱，才不會攪擾出混濁。

在打結的時候，就預留鬆綁的因緣。打結是為了記號，當然事過境遷就得鬆開，這樣繩子可以反覆利用，不會愈串愈多；而打了解，解了再打，在生命因緣的流轉中維持著有與無的交錯，便不會有朝一日，繩索上的結已經沒有解開的可能，因為費力，因為複雜，因為錯綜，只好一刀兩斷。

可人世間，卻多的是難解又難斷的事兒呢。為了不在未來兩難，倒不如每一次的經歷，都盡量維持著一邊結緣，一邊解緣的活絡心思吧！

心靈處方箋

沒什麼好計較

慢

來自於仗恃自己優越感的憍慢，
會失去學習因緣，也看不到自己的限制，
無法生起謙恭心，也無法開展心量。

透視慢煩惱

慢煩惱動作可不慢，它總是站在高高的地方觀察著你。如果你對自己所擁有的一切，包括德行、學識，甚至修行成果等內外成就，起了優越感而得意洋洋，就會被帶去跟慢煩惱手牽手了。

這時，你會生起一種唯我獨尊的驕傲，別人都不如你，誰也不值得你尊敬或學習；自己的思考與觀念、作法，突然被拉抬到無限完美與絕對。你看不到自己的限制，謙恭這個詞不再出現你的辭典中。在這樣的狀態下，你開始看不到美好的事物，也無法接受別人的批評，意見與你不同的，通通都被你踢開。

慢煩惱最可怕之處，是它來無影去無蹤，有時候甚至已經出現了，你還茫然未覺。下回當你發現正用自己認定的價值觀評斷別人時，可得仔細瞧瞧，是不是落入慢煩惱的圈套裡了？

慢煩惱

因緣法則不理會一廂情願

當一位調兵遣將的將軍，在他的帷幕中沙盤演練的時候，常會忘記他的兵士也是有機體，也會有自己的想法與意願；他們絕不像棋盤上的棋子，想挪往哪裡，就一定會停在哪一格，也不會就這樣莫名其妙被安排讓對手吃掉，而毫無意見。

現實人間的一切，掌管的主權不在將軍們的手上，也不在每個人自以為的擁有權上。但是當自己擁有一樣物品時，卻往往錯解了擁有的意義與美好，而以強烈的擁有欲掌控著一切而不自知。其實，因緣法則才不管你擁有了什麼，一旦緣起緣滅，即便百思不解，事情還是會順著它們該有的狀態去發展。

因為思索著聖嚴師父常在禪修時提醒我們的「因緣有自性空」的觀念，

才真切去體會這句耳熟能詳，卻不見得真確理解的簡單觀念。簡單、素樸的理念，是最基本的佛法，但因為太熟悉，往往忽視了其中的深意。

尤其當我們擁有，或曾經擁有某些事物，或擁有決定某些事物最後樣態的權力時，便常常會忘記，在因緣法則下，沒有什麼事情是真正屬於自己的。很多事情的發生，不必等到成住壞空的因緣轉換完成才會失去，當它該以它存在或離開的因緣出現時，誰也攔不住。

而且，每一段因緣的發生，也絕不是自己想像的，只與自己有關，而是諸多人事物共同的組成與離散。所以每一個組成分子或元素，都有它們共同決定其間變化的各自價值。

但最容易引起煩惱的，就是一廂情願的我執吧！將軍以為征戰的成敗決定在他手裡，一廂情願地認定自己的判斷與思惟可以決定一切；許多人在思考過程中，也是這樣的誤以為「我認為應該這樣，或我決定要如此如此」，卻很難體會，那些他以為的想法，在被判斷者的心中，根本是另外一種完全不同的思考。所以，如果沒有辦法理解因緣法的組成條件有多麼錯綜複雜，大概就常常會陷入「事情的發展怎麼跟原來想的不一樣」的疑惑中吧！

甚至生活中簡單事物的擁有，其實也不在我們自以為的擁有什麼決定權這樣的原理中進行。我們認定某些事物是我們的，某個人應該是屬於我們的，就很難體會因緣法則中，一切最終對我們而言，畢竟只是暫時的因緣聚合與相會罷了。

所以當我們看似擁有了什麼，就在這樣的因緣中善自珍惜，並在變動的因緣中，坦然地凝視它的來來去去，才能不被自己的執著所傷害，也不去一廂情願地傷害別人。

如果我們以為這樣那樣的東西就屬於我們，抓得緊緊的，結果把原本富有彈性的事物抓壞了，或忽視了有機體自己的發展與運作，就是煩惱生起的因緣了。雖然最終那也是空的，可是拿煩惱的繩索綑綁自己的一刻，便也很難把它們當成空的吧！

慢煩惱

與一千零一尊觀世音菩薩相遇

因為這回到日本走走，帶我們前往參訪的老師，設定的就是觀世音菩薩的道場，因此無論是十一面觀音，還是如意輪觀音，都還先學了他們的專屬咒語，以在禮拜時先持咒發願迴向。但卻萬萬沒有料到，居然會有這場奇遇。

說奇，恐怕對許多人來說，是少見多怪了，可是因為老師帶去的寺院都各有特色，因此早就帶著放空一切的心境，準備好超大的心的容器，要見識見識那與想像中極不同的或古老或新穎的寺院。但是一踏進被日本人當作國寶，被他們的老師視為教學重點，也被一些觀光客當作佛教名勝的三十三間堂時，先還有一點遲疑，想著這不在山林間的寺院，果真「經營」得很有「商機」。

但這顆輕忽的心，卻在踏入主殿之後，忽焉被重擊了一番。

就像想像中的蓮池海會，就像經典中的華嚴世界，從第一尊觀世音菩薩開始，就完全被震懾住了。其實金色的觀世音菩薩像都已經古樸而斑駁了，但還是有一股金色光芒似地閃動在眼睫間。

就在一條狹長的廊道旁，一階一階鄰次而上，密密地羅列著一千尊觀世音菩薩的金色塑像。而這條安置塑像的大堂，也不過只是一百二十公尺長。一尊尊地看，也不可能看得真切、看得仔細，不過當換下眼目，改用心來相應，就覺得自己完全被容攝其中無法言語。走到一半，就是主尊千手觀世音菩薩三點三公尺高的巨像。禮佛之後，完全不多一分的遲疑，便長跪其前不必多說什麼了。

而此時，一位法師正在壇前修法，一邊擊鼓，一邊持誦著，在大堂上迴盪著壯闊的音聲，就像置身佛國淨土中，渺渺浩浩，心已經無邊無際地開展出去，而人，其實也早就溶入當中了。

想想，還是如夢境般難以確認，居然就瞬間遭逢一千零一尊莊嚴的觀世音菩薩，那份感恩以及定靜的心的凝聚，幾乎使人無法起身，也不捨得離去。

雖然一百二十公尺就這樣短短幾步路程地走了出來，外頭時而雨時而晴的天亮亮晃晃的，卻居然有種天上人間的失落感。

雖然回台之後，同事提起三十三間堂，就是：「喔！那是每個觀光客都去的啦！」的眼神與口吻，還是可以發現，無論去到哪裡，無論別人如何看待，你那時用什麼心在體會著，就能與環境相應也相映出各自的滋味吧。尤其高興的，幫朋友遍尋不著的壇城，居然就明亮亮地掛在大堂外的廊道上。捧著壇城出來，同行的隊友一看，也忙不迭地用完全無法溝通的語言說：「我們也請一套回去。」彼此會心的一笑，不是為了請到什麼而已，只緣專注聆聽法師唱誦，以及虔敬禮拜一千零一尊觀世音菩薩的心，在那一刻是懂得，也珍惜的。

想起〈普門品〉裡的偈子：「妙音觀世音，梵音海潮音；勝彼世間音，是故須常念。」那一千零一尊觀世音的影像，就像海潮音般湧出，妙美絕倫。

體檢慢煩惱

你認為自己的優秀成長背景，
是自己努力而來的？
還是天生的、父母給的？
如果是後者，你認為那值得驕傲嗎？
你如何分辨「驕慢」和「自信」，
二者對你來說有什麼不同嗎？

疑

對於真實義理生起猶豫，
進而對善心善行猶豫。

透視疑煩惱

疑煩惱不喜歡疑「神」疑「鬼」，但對真理、對好事卻充滿了猶豫與不放心。

如果你的個性正好屬於猶豫不決型，心情好的時候，絕不相信自己會遇到不順心的苦惱；心情壞的時候，又決定人生真的很苦。在生命的十字路口上，老是猶疑，到底執著「我是最好的」對未來比較好？還是不要執著比較好？就在這個徬徨歧路上，疑煩惱就悄悄找上了你。

其實生命是靠「實際地活」而活出心得，然後在遇到各種狀態時，平日挖掘、開闢得很深很廣的智慧，就能讓你在抉擇時分擁有決斷的資糧。如果思量、徬徨、猶疑慣了，老是在腦子裡用有限的資源分別一些觀念想法，卻不願意開放心思從知道進而體會，疑煩惱結出的煩惱絲，可是不絕如縷的。

想喝水嗎？水杯記得先倒空，甘露妙泉才進得去喔！

疑煩惱

寂靜也有它的味道

本來是一個年度整修計畫，就像車子進廠保養一樣，顧不得天晴或下雨，時候到了，就給它送進去。尤其，之前好多朋友老師紛紛來電提醒：「一起去喔！一年一度的禪七。」

其實一年中寺裡的禪七總有好幾個，但無聊的我們，總迷信有聖嚴師父陪著一起打七會有些不同，而且師父親自帶，親自開示呢！於是每逢師父主七，那一次報名就會強強滾，也會有遺珠被放棄。

這次還是一樣，於是從報了名就開始忐忑，生怕收不到報到通知，擠不進禪堂。最後在期待中收到了通知，卻在進禪堂前幾天，左思右想猶豫不定，該不該請假？工作沒做完，哪能不顧一切進禪堂？

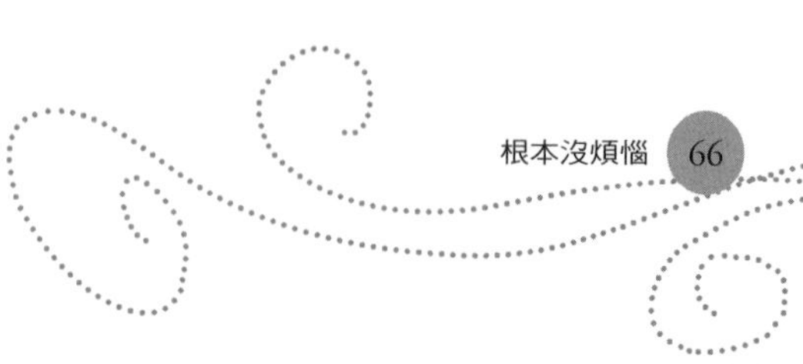

反反覆覆地思量，去吧！沒有事情做得完的；算了！工作沒做完，坐得也不安心，妄念紛飛對不起護七的人；去吧！人生能有幾次可以如此放下一切專心修行呢？算了！個人的修行比得過該完成、該成就的工作嗎？去吧！不去一定後悔；算了！去了坐立不安更懊惱。

幾天下來，禪七成了心障，反而亂了方寸。終於敵不過工作上即將面臨的一些變化，終於敵不過心裡的種種紛擾，下定決心向寺裡請了假，等待下回的因緣吧。

以為這樣終於安心了，不料沒想清楚的，總得想清楚。禪七當天到大殿禮佛，蒲團方墊都擺好了，熟悉的味道喚起自己對禪堂的想念，寂靜而清明的氛圍，忽焉彷彿就把自己帶入一個與世隔絕的清涼界，一邊拜佛，一邊想著，下午不能進來，淚忍不住大滴大滴地落下來。

原來修行不是那麼理所當然，想來就來得；原來修行不是那麼簡便，隨時因緣都會具足；原來修行障礙現前，就是這樣百轉千迴。一路思量，一路清醒了來，一路從傷心到清心，從未在這個歷程被絆到的自己，才深深感受佛法難聞、佛道難求的真切。

平日努力不夠，大好因緣也會從手邊溜逝；平日不在意的，才知道每份因緣的成就都很難。原來所有的障礙都是自己造出來的，當外緣都已完成，而仍無法如願，才知道可能最缺的是自己的願力。

同事拍拍肩膀說：「下次我們去打七，打個不一樣的七。」經歷一場心裡的來去風波，更珍惜寂靜的味道，只是禪堂裡嗅一嗅，就嗅出自己的種種毛病，或許，試著在禪堂外打個不一樣的七，體驗一下不同的鬧中取靜的味道，也是另一種難得的體會吧！

心靈處方箋

時時刻刻莫忘修福

疑煩惱

快慢間搖擺的日影

小時出門媽媽總擔心我被欺負，長很大以後才知道，原來我曾經因為走路走得太慢，遭鄰居孩子一路踢著回家，他們嫌我走路速度慢如螞蟻。大些了，又因為與同學吃冰被恐嚇：如果再把紅豆一粒粒挑著吃，就把膽小的我丟在冰店裡幫老闆洗碗。

卻不知何時開始，我成了家人朋友口中的急驚風。大家說：「妳動作如此快，說風就是雨的，真給人壓力。」

至此，究竟是個快人？還是個慢人，就進入一種隨人揣想的狀態了。

直到前一回禪七，法師帶著大家快步經行，快到來不及用腦袋瓜思惟，你只能跟著法師的「快快快，不要稍停，耽誤別人的站出來」！就像以前學平劇做工，在場子裡兜圈子一樣，停不得更停不下來，到產生一種離心力，心的作用彷彿停止，人隨著一種無以名狀的力量在打轉，很可怕的一種身不由己與心不由己。

快步經行也是一樣，停不下來。突然有一種人在黃泉道上被推著走的感受。沒有人能在那時候陪你，在那一刻，人會陷入一種徹底地孤絕。雖然你可能踩到前面那人的後腳跟，或者被後面的人踢到，可是輪迴路上，不管曾經是攜手的，或是偶爾的踢踩，最終都會歸於寂然。

那無法控制的速度，則像是業力吧！業力牽著我們，甚至以離心力把我們拋甩著，卻又牽繫著，雖然被拉扯著，卻無法遠離圓心。如果不懂得方法，就會一直一直被牽制而又被拋擲著。

然而這次的禪七，總監香的法師卻以慢步經行震撼了我。

慢到如果不小心，也可能會昏沉。當然，誰也不想成為第一位在禪堂因為走路昏沉而摔倒的人。可是那種慢，彷彿時間完全靜止。陽光透過窗玻璃斜斜地穿入禪堂，前一個人白色的恤衫上有一些樹影，恍恍惚惚的，慢到連自己都不太確定，時間真的可以如日影般移動到難以察覺嗎？而也就在那時，忽焉體察到原來當一切如此緩緩進行，心居然可以細到平日無法想像的狀態。

其實，快很好，有一種豐沛的能量經過蓄積之後，儼然暴流沖瀉而下，可以讓我們去完成一些願心；慢，也很好，可以讓人體會到，生命也可以一吋吋穿越，包括看到光束中閃動而纖細到難以察覺的落塵飛揚的路線。而一旦曾經體會到如是細膩的覺受，就不再輕易而快速地說話了，尤其說些未經思考而可能傷人的話。

不過如果拿捏不到快慢間的節奏，快快快之後，可能反而耽誤了事情。而那老被嫌棄，甚至鄙夷的慢呢？說不定因為平穩，反而使事情順暢無比；專注的慢，也可以讓人少走冤枉路、少被路上的風光耽擱，於是龜兔賽跑在每一個世紀都會有它們存在的價值與意義。

心靈處方箋

快也好，慢也很好，只要心靜平和

疑煩惱

流淌在真實與虛妄之流

車子開著開著，突然眼前的景象十分不真切起來。明明是走過的路，路旁的景致也與平日相仿，可是心裡的覺受卻那麼陌生，彷彿以往走來的一切都是如幻的。

每天走一樣的路，開門、進入、與同事問早，桌前的公文與稿件，如果沒有仔細端詳，看來都是一樣的。可是，人明明也經常變換著，稿件也時時由不同的人寫著不同的題材，怎麼會一樣？

把這些都當作一樣的那顆心，是真的？還是清楚這些都同中帶異，才是真的？可是會這樣認真去推敲什麼是真？什麼如幻？也是緣於對那件事或與那些事相關的人的深切關注，才會引發的吧。

日常中，我們總習慣一些固定的作息與友朋往來，而那過程中，因為不在意，所以未曾思量過真與假。只有當我們在乎的人事在生活中起了變動，在變動中起了不捨、留戀，甚至憎惡或想逃躲的念頭，才會開始思考什麼是真？什麼是虛妄？所以，就如佛法所說，只有當我們進入一種對苦的覺受與體會，才會深刻去思量生命的意義與流動的惱人。喜歡的，在變動的那一刻，自然依依不捨；厭倦的，變動時，正好期待快快早早一把抹去。可是，關於「到底喜在哪裡，厭煩在哪裡」這樣的思量，卻常在喜與厭的情緒高過一切的情境中，又瞬間被輕忽了。

修行所要觀的，當不只是情緒的流動而已。如果只看到情緒的起伏與心念的變動，並練習著定力的嫻熟，讓情緒與念頭放下、排遣或只是看著而不迎不拒，也就只是練習了定，卻沒有辦法進一步在未來重複發生時，消解那些情緒或念頭生起的原因。

就像佛法說的，依戒起定，依定發慧，每一個學習的過程，都有它的目的與次第，持戒的最終，讓定力得以生起；定力的專注，讓觀慧可以清暢。可持戒不見得保證定力，而定也不一定就會帶來智慧，是基礎而不是結果吧！

在追問什麼是真、什麼是假的同時，突然發現，真假也只是念頭的妄動而已。但在此刻的心境中，能看到這樣的妄動，讓心止在一處，知道自己對哪些人事物有了不捨或厭倦，就是一個開始了。

只是開始之後，如何再讓自己從中覺察更深一層的念頭起伏，觀照更深一層的念頭從何而起，才能逐步找到源頭，並練習從中體會真切的無常。

在真與幻的流動之河中，能先截斷這妄念之流，才有可能再進一步，把念頭拿來觀照，而清楚知道真幻之間，自己的心被什麼切割而生起苦樂的覺受。

朋友正在人生的轉折點上，來問我的想法。我倒是問他：如何看待生命中的真實與虛妄？希望暫時駐足在這樣的觀察中，可以找到他之所以感受苦樂的來由，這樣，才有機會不再繼續流轉於苦樂的覺受，而忘了最終期待離苦得樂的心念。

惡見

對於貪求的動機揣度思量，而生起雜染、不清淨的世間聰慧，障礙善知見。

透視惡見煩惱

惡見煩惱最麻煩，擾亂心神最在行的就是它們了。

惡見煩惱最喜歡聰明、慧黠的人，如果你是那種讀三分書，可以詮釋出十一分以上的聰明蛋，惡見煩惱最喜歡跟住你。

如果你學習的目的，是帶著利益交換的念頭，例如以為持咒可以得到名利，打坐可以求得神通，那麼好工具也都會變成惡見煩惱送給你的壞禮物。

別慨歎「難道聰明也是一種錯誤」？不會的，錯誤的不是聰慧，而是顛倒的不清淨念頭。

所以，如果清楚學習的目的就只是學習，修行的目的就只是修行，惡見煩惱也無機可乘。除非一開始，你就認定經典是魔法書，專教法力。否則，再漂亮的壞念頭，也騙不了你聰明的腦袋瓜。

閱讀你的心

在堆疊的書與筆記本中，閱讀一本有關飛翔與天空、森林與花草的書，感覺到雲朵的柔軟、雨水滴落在土地上的泥味兒。

在一家書店旁的咖啡店裡，朋友有感而發地說，自從自己出了書，只要一進書店，看著一疊疊的書，就彷彿感覺到作者們一滴滴的心血就那樣躺在架上，有一種同情的心疼。

以前閱讀對自己而言，雖然也不見得是讀什麼了不起的吸收資訊或得到知識的書，但總是以學習為出發點，還習慣畫著重點，每讀一本，就好像被灌了真氣，有一種飽滿而充實的感覺。

後來為了學習更多佛法，讀書時開始有一種體會與相應，常常看著看

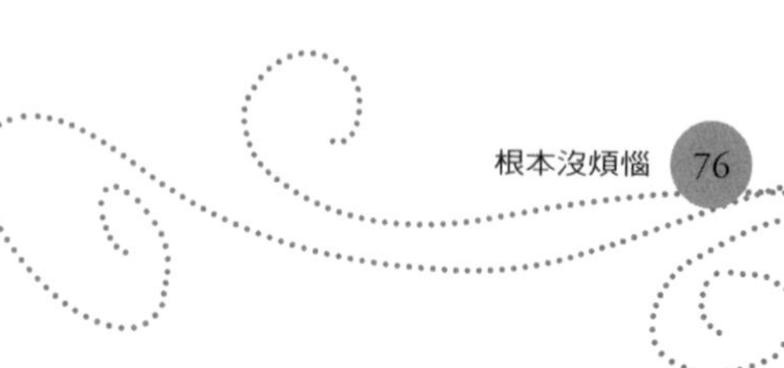

著，就在心裡重複輾轉，還是習慣畫著紅線，當讀到一些心有戚戚焉，或者：「啊！說得真好，就是這樣呀！生命的困限就是如此。」等等的心境時，忍不住就槓上粗粗的一條線，並信誓旦旦提醒自己，這就是要修補的生命問題呢！

那日，天氣也沒有變得更熱或更涼，但閱讀突然陷入一種不大一樣的情境與覺受中，彷彿讀到作者的心裡去了，彷彿呼吸著作者呼吸的空氣，隨著他或她的心緒起伏，也跟著上下起伏著。

想起朋友說的，其實當你在閱讀的同時，你的呼吸會跟著你所閱讀的內容不同，而產生不同的頻率，有時呼吸急促而心跳加速，有時隨之舒緩，就好像踩踏著柔柔的雲與軟軟的草，所以跟著作者動靜而調身調心，是一定會的。那時雖體解，還沒法子感受到，直到這回，說不定是作者的能量太強了，就覺得是被打到了，打到心裡的一根弦吧！

所以讀什麼突然就更更重要起來了，讀一位安靜的人的心，自然心境平和，呼吸愉悅而身心調適；讀一位熱鬧的人寫的東西，也會忙忙想出去湊湊世間的喧嘩。因為閱讀如此的細膩而不著痕跡，所以要更加謹慎那端在手中的，到底是不是寶？

不過，什麼東西會在什麼時刻，讓你忍不住挑出來細細地閱讀品嚐，恐怕與自己當時的身心也是相應的。或者也可以這麼說，當你的心裡有一些心事或強烈的念頭生起時，所讀到的每個句子、每篇文字，也都彷彿在與心裡的聲音相呼應著，然後向內心招手。

所以閱讀真是詭譎得可以了，到底是因為我們想看什麼，所以拿什麼出來看；還是當你挑出一本書來，那本書就開始影響你、感動你，然後陪伴你過往後的日子，為你以後的生命留下一些可供使用的資訊，並且在適當時機，悄悄當起你生命的參謀。彷彿你在閱讀作者的心的時刻，也決定了這位作者開始要進入你的生命中陪你一段。所以找誰來陪伴，真該是件重大的抉擇吧！

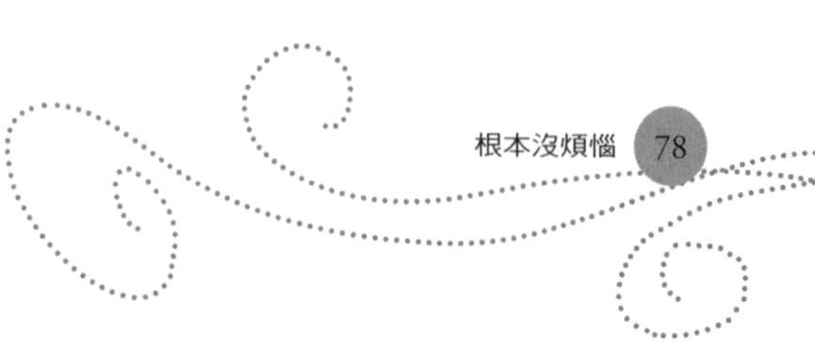

我見

即「薩迦耶見」，執著於我，我所有，包括對五蘊身心的執著、貪戀等，對可能的威脅生出對立與衝突。

透視我見煩惱

我見煩惱可是所有煩惱怪獸群中，武功最高強的一個。所有你可能感受的痛苦、委屈、悲傷、心酸，還有眼淚，都是我見煩惱的武器。不信？去問問身邊的人，有誰不愛自己勝過別人？只要你最愛的是自己，任何時空因緣都會出現「別人沒有那麼愛我」、「我不是最受重視的」等等的挫敗。隨著這些思慮與苦惱，我見煩惱會一一拋射痛苦的武器送給你，這叫：雪上加霜。

當「我」變得很大、很重要時，得拿多少愛才夠餵養它呢？我見煩惱最喜歡出給你的習題就是這個。

只有當你不是念茲在茲渴望別人多愛你一分，才有精神欣賞別人的美好多一分；如果可以體會大地是所有人共享的，空氣是大家一起呼吸的，就會知道，只愛自己比較辛苦，一個人怎麼抵得過世界的諸多美好？

寂天寞地只是太愛自己

一個人的時候，最不寂寞，可以擁抱整個天地的安靜。

曾在雪地中安靜地走著，寂靜的異國小城人煙希寥，可是，天地間滿滿的自在，透過身心與環境相融相攝，也不會寂寞。

禪堂裡兩百個人，無聲地靜坐，不思前不想後，沒有任何東西叨擾身心，寂寞也不會進入。

偶有寂寞相擾，是在人群中，大夥兒聊著周邊環境中關懷的事物，可是你的心惦念著一個不在場的人或事，那一刻最寂寞。

歡喜的時候、難過的時候，你希望分享那些起落心境的人不在身邊，最是寂寞。

但是這樣的寂寞難以言喻，是一種百無聊賴的寂寥，於是這種寂寥感，就會漸漸喚起一種苦的覺受，你發現自己的心正與煩惱相應。但是當這樣的煩惱到來時，也正是自己有機會覺察心念變化最好的契入點。

你可以看看自己的心，為什麼一定要人陪伴？為什麼一個能讀懂你幽微心思的人那麼重要？或者，應該這麼問，為什麼自己那麼重要？有一個人能讀懂自己的心既然如此美好，為什麼自己不去讀讀別人的心？關心周邊的人在想些什麼？

當這樣的心念輾轉生起，寂寞就忽焉離去了，寂寞的感受變得如此空幻。

有一年，對著台下三百個學員，要說一些營隊即將結束的感言。朋友坐在第一排，微笑著等我開口。那時，一種寂寞油然而生，彷彿自己被放在一個荒涼的寒漠，沒有人陪伴。

朋友從台下對我做了一個微笑的手勢，我看著三百個等我說話的人，突然發現，如果我關心的是自己講得好不好，那麼講台就是一個最寂寞的地方，即便下面坐滿了人。可是，如果我關注的，是台下三百個人的感受，我就與他們的心念相應著，那時，心中充塞著的，是他們的歡喜或凝聚，你的心馬上進入三百個人的心裡，寂寞又何處可依呢？

寂寞有時候是一種對照，你的心攀附著別人的心，期待著別人給你想要的東西，或照著你要的模式與你相處，而一旦期待落空，你就會感到寂寞。想要不寂寞，最好的方式，是自給自足。

安靜的午後，讀著佛經，字字句句間進入諸佛菩薩的世界，豐富的華雨智慧，寂寞根本無處容身。那時，即便你期待以這樣的豐收與不在身邊的人分享法喜，也能穿越時空，透過心念的重疊，驅離寂寞。

懂得享受孤獨

我見煩惱

迴向眾生的愛

第一次聽到這樣的形容，只覺得好玩又詫異。有位朋友說：「妳對感情的運作方式真是奇怪，好像只能用「迴向眾生的愛」來形容。」

咀嚼著這句話，慢慢覺得這真是一種愛的真相。

愛對很多人來說，絕對可以是生命的滋養；但相對的，愛裡頭如果少了一味叫作「迴向」的藥引，這帖原本用來治病的藥，就會搖身一變，毒性大發，馬上成了煩惱毒的第一祕方。

朋友之間，愛可以多一些寬諒與包容，只要你那份愛，是在朋友需要的時刻投射出去，而不是老是惦念著別人記不記得我的生日，別人能不能在我需要的時候，也對等的回饋？或者，我陪你度過生命中的困頓，你是不是也分享我的苦惱？只要開始計算天秤兩端的砝碼，朋友的愛就會開始帶著酸苦的滋味。

情人間的愛，可以使人不孤單不寂寞，只要你不是經常問著誰愛誰比較多？只要你不是拿憧憬中的樣態比對情人的表現；或者，拿別人的飛揚嫌棄自己情人的局限。

親人間的愛，使我們肩頭有個記掛處，傷心時有得靠，歡喜時有人無私的分享，只要不要常常想要為他們作主；或者，互動的過程中，只期待別人替你著想，而自己的包容從不用在親人的對待中。

說來說去，原來迴向眾生的愛，最重要就是付出與享受愛的同時，沒有把自己放進去稱，沒有要別人給一個答案，說：「喂！說說看我有多重要？」

就像佛教中，有人持誦經典、讀誦咒語、修法等等，最終一定有一個迴向的步驟。有人擔心：「功德都迴向給別人，那我自己呢？辛苦讀經、誦佛號有沒有功德呢？」

先不說功德是怎麼一回事，想想迴向的力道，就知道這樣的憂慮是多餘的。迴向是一種迴旋的美麗，當你把一切美好往四周散去，一股迴旋的力量會把那股美好播送出去，所有旋進旋出的人事物，都會沾到無私的喜悅與慈悲的力量。

在迴向的那一刻，真心地把心念放在所有你關懷的人事物上頭，而不是期待自己先得到好處或成果。於是，迴向的愛不會殘留雜質，在付出的當下，就是一種心念的轉換與交流，爾後，真真能做到「船過水無痕」就更妙了。雖然，真的很難。

其實，迴向眾生的愛好難。朋友的話只能拿來勉勵自己，多用心傾聽與關懷，少用情緒，才不會不小心把自己放進去。有人需要的時刻，借一隻耳朵，備一份心，其他時間，好好練習穩定的身心，儲存迴向出去的愛。

心靈處方箋

無私地付出與分享

離別的況味

深夜回到家，突然看到陽台上坐著一隻鳥。姿勢仍一樣地挺拔，以為是前些日子自己飛來家中的灰文鳥，心一驚，打開籠子一看，鳥兒睡得正好。

有些憂慮地開燈看個仔細，原來是一隻已經死去的麻雀，彷彿睡得沉穩，神識卻已經離去。雖然素昧平生，但離開世間前飛來此地一歇，也是一段因緣，輕輕地為牠誦了佛號，如果牠有感，希望皈依詞能是一段祝福。

今夜的遲歸，是與法師、同事談了一晚關於生離的課題，不料，一回家卻與這隻鳥兒來一段死別，心中有些戚然。

生命是這樣的來來去去呀，其實，心也是這樣的生滅生滅著。走不過去的，是當時的一念心；走得過去時，也只是一念心。雖然當中已經迴旋、流轉

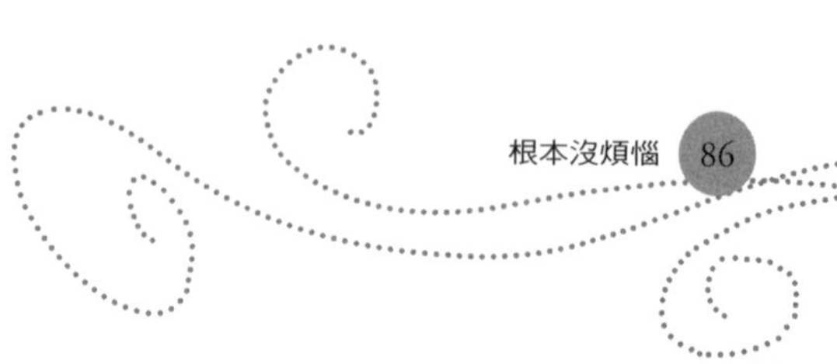

過千百回，然而一旦能挺得過去，也就過去了。

談起過程中如何走過，有人說，因為知道佛法，所以明明不捨，卻以佛法告訴自己，一定要捨；然而沒有辦法真實消融的苦痛，卻成了一份被壓抑的傷痛，想起時就來咬嚙著心，只好借助一些別的方式轉移，或者，利用一些可以痛哭的場景，讓自己痛個過癮，也哭到徹底。

然而這樣的哭，卻只是一些發洩，並不曾真正幫自己走過。或許，這只是一種逃避與壓抑，就像所有不願意真正勇敢面對的情境，用看起來最簡單的方式——逃走，來暫時化解心口的疼。

然而如果能從壓抑，到勇敢努力面對自己的真實心境，才有可能完全地釋放痛苦。雖然一開始因為心清清楚楚，所以看到了許多生命的實相，因此無法傻呼呼地樂觀，於是這樣的過程，也得到清清楚楚地痛苦。但因為是真正的面對，也才有真正走出的可能，以及真正走出的清明。

而終究，就是一場心念的迴旋。

很多事以為過不去了，就明白地抓出來檢視，到底痛在哪裡？熬不過去的是什麼，觀照的過程看到自己心的醜陋也好、卑微也好、驕慢也好，種種自己不想去面對的問題，其實歸根究底，就是捨不得自己。

曾經苦痛萬分，以為自己走不出來的，反而真正面對，錐心刺骨痛到極致，才忽然發現，原來痛是不會痛到骨子裡的，只要不要捨不得自己的痛，就有可能領略痛其實也有它的極限。就像打坐時，腿痛到以為再也無法忍受了，才發現居然也可能痛到產生一種清涼的覺受。看似真實無比的腿痛，也可能轉為清涼，那麼不斷訓練希望自主的心，當然更可能幫助自己產生一種真正的開闊與平靜。

都知道這是很艱苦的歷程，但不經過這樣的苦，哪裡體會得到真正的自在與快樂？傻傻地笑，終究只是渾沌的狀態，就算偶爾清明，也無法持續，並且長久吧！

邊執見

執著於武斷而未經檢證的見解。

透視邊執見煩惱

邊執見煩惱是一隻固執怪獸，最喜歡跟頑固的人做朋友。

每個人生來都有一些怪怪的習氣與偏見，有時候，你就是莫名其妙討厭一種聲音或一種氣味，但那都還不打緊。

麻煩的是，家族裡、社會文化中，總有些未經檢驗的「常識系統」被傳遞下來，我們一旦信任那樣的系統，就很難破除這些觀念。最難纏的是，如果成長的歷程中，經驗到對許多事的美好或厭煩的覺受，其實只有一次、兩次，卻變成終身的記憶鎖釦，怎樣也解不開。

帶著邊執見煩惱送的眼鏡看世間，當然顏色很錯亂。只有卸下喜歡貼標籤的機器，日子才會輕鬆。不過，這隻固執的怪獸，纏人的工夫一流，沒有足夠的冷靜、清明的覺知力，可會被牽得團團轉呢！

還有第三條路

旅行途中總不免遭遇陌生人，陌生人總不免聊起以何營生，很有趣的是，過去被視為鐵飯碗，被大多數人努力擠破頭想要加入的行業，卻成了一種當事人不願意輕易談起的職業。

一位老師懸疑地說：「妳猜好了，我不想主動說。」無聊的我隨意猜個：「老師吧！」對方瞪著眼無奈地歎：「這麼會猜呀！這個工作總被定型化，老是被刻板印象所影響，讓我變得不願意主動承認。」

望著她清晰的老師模樣，一直在思考究竟是誰使某些行業被定型化？其實每個置身該行業的人都是影響大家對這個行業的看法吧。如果不喜歡這樣或那樣的刻板印象，讓人改變這印象最有效的應該是當事者的表現了。

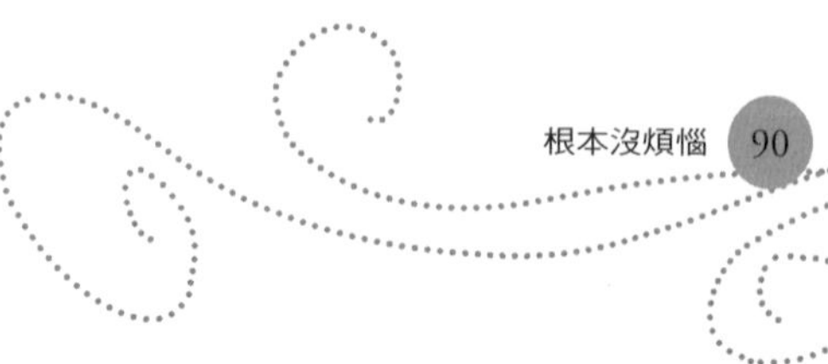

於是老師又說起同行平日的相處，語中頗帶無奈。

想起一句很常被引用的話，如果你不能改變多數的人，最好的方法就是加入他們吧！這種所謂的「社會經營術」，其實是很多人奉行的圭臬。

不過總該還有第三條，甚至第四條路才是。問題應該在於自己是不是有信心，如果自己真的認同某些理念或職業，也仍有著如初始般堅定的信心，相信在嘗試改變大家或乾脆加入大家之外，仍可以找到別的出路。

例如也有人提及過去遭遇過的佛教徒給人的印象如何如何，總有些偏見，以為你們就是怎樣怎樣等等，聽到這種話，有些人會激辯，有的人會像老師一樣無奈地歎氣吧。但也有人，會努力地用不同的方式展現佛教徒的光華，這不也像撒種子，真的不知何時會長出大樹或鮮亮明麗的花朵，但只要一個、兩個，一次、兩次，慢慢累積，總會有不同的佛教徒印象會被逐漸轉換出來。

看著老師用老師的方法在閒聊或是討論旅遊途中的點滴，我好想對她說：「就算所有的人認定的老師像妳這般，也不會是所謂『討人厭』的模樣，不過就是如實地呈現出老師的樣貌罷了。」

而且，更擔心的是，如果連老師都不愛老師這個職業，誰來愛教育，以及那幼嫩而需要被慇勤灌溉的孩子們呢？

曾經一回所有的人都集合完畢，老師夫妻久久未到，略顯焦慮的領隊盯著遠方瞧著瞧著，然後窗邊的我突然看到他微笑而堅定地對遠來的二人比劃著「ＮＯ！」原來擎著冰淇淋匆忙趕來的二人準備拎著冰淇淋上車吃，極愛乾淨的德國司機卻堅持車上不准吃冰淇淋。

二人有些尷尬地背對車子快速吃起冰淇淋。其實，那模樣的老師好可愛。

心靈處方箋

用言行感動別人扭轉看法

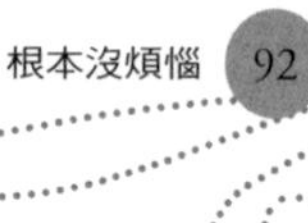

不帶紙筆也能旅行

這回的旅行新鮮極了，活像打了十日禪。

原來旅遊的面貌自己也可以經營，即使時間、空間都是別人所安排；即使天時、地利、人和取決於外來的因素甚深。

第一次一個文字工作者嘗試出一趟遠門，走訪最豐富的文化古蹟，居然可以不必帶著紙筆。於是你可能記不住那個古堡、這個教堂的名字，可是那用全副身心去感受的記憶，卻可以清晰而不黏著地存在某些腦中的區塊上。

那種只試著用六根去「覺受」外境，而不急著下判斷，甚至不取用過往所有在書裡得來的印象、從別人口中描繪的影像，而就只是純粹地用心去覺受那一個個踩踏在地面的感覺，呼吸那兒的空氣，甚至咀嚼他們獨特的飲食風貌，嗅著城中飄揚的文化氣息，乃至於聽著陌生又熟悉的語言，這樣的一種旅遊，果然紙筆是多餘的，記錄也嫌莽撞。

好像禪七一樣，禁語，因此雖然旅遊總不免開口，但話變得極少。當然無法閱讀報章雜誌，也不去碰觸電話這類的工具，而電話鈴聲自然也是隔絕的。這樣一種被置身陌生情境的處境，有點像被拎著放在寬廣的棋盤上，不知道下一步會被推向哪裡？而其實不在乎，也不擔心，也不去揣想未來的位置，至於已經走過的，因為知道就這樣走過不會回頭，即便下回再來也不是這些人、這些路程、這些車流，所以也不會努力去回憶。

這樣的感覺，多像禪堂裡的人，只有每一刻安定地安住當下，才能清楚，否則如夢似幻。

此外，景致也實在太美，人更是俊秀清麗到難以形容，於是又感覺自己真的如在夢裡，那種真實人生其實宛然如夢的感覺更是鮮明，以往偶爾也有如夢如幻的體會，卻沒有這樣的處境來得精確。

以為人生是真實的，其實卻虛幻不過如此，美到驚人的建築與天地，看似觸手可及，踩踏其間卻也有種飄然朦朧。彷彿在夢境與真實間交錯、穿透，對於什麼是真實，什麼叫作虛幻，忽然有種「就懂了」的力量竄出來。

旅行總會留下記憶，對景致、人物或空氣流動的味道，但這回的旅行，卻因思惟習慣的改變，使那些都彷彿如雲被風吹般倏忽不見，反而，自己的身心有了沉靜、緩慢、安定下來的力量生起。

於是朋友問起，總回說：「喔！其實是去了一趟十日禪。」

心靈處方箋

打破慣性思考

●邊執見煩惱●

鏡中花水中月

以前曾經流行過一種視覺遊戲，從複雜的３Ｄ圖片中，看出圖像以外的影像。最近因為收到一些電子賀卡，上網看到許多這類的圖像，但隨著科技的發展與研發，這種遊戲居然已經變成５Ｄ的圖像了，簡直讓曾經著迷其中的我大喜不已。

可是家人怎麼看都覺得不可思議，老是有人經過電腦旁邊瞧了一瞧，然後搖搖頭說：「太荒謬了，什麼也看不出來。」

我想起以前朋友也常說我長著一對怪眼睛，別人盯著圖片看到眼睛歪了，頭昏了，什麼也看不到，我卻看得不亦樂乎，不但買了一堆書來瞧，只要哪家餐廳、咖啡店裡擺了這樣陳設，就盯住不放，看得很入迷。

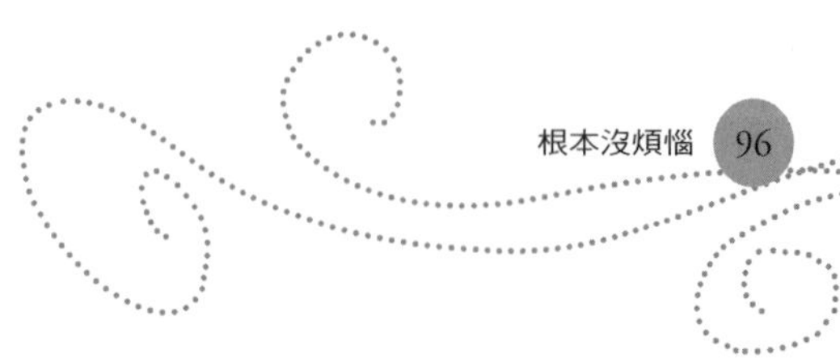

而最近的５D讓我看著看著，也生出一堆疑惑來。有時看是一個人影，有時又居然變成兩三個。不知道從３D變成５D的意義，是不是就是一張平面的圖片可以看出好幾層圖像，而且各層之間還都不一樣。

看著看著，無論是３D還是５D，我就會想到「鏡花水月」這句話。對看得到的人來說，這種透過視覺的迷離產生的幻境，是很真實的，不同的層次，不同的變化，只要用我的大散光盯住不放，一堆複雜無意義的線條與色塊，就化作神祕的光影，美不勝收。

可是看不出來的人呢？無論你怎麼解釋，對著圖像如何描繪，用盡力氣，連眼睛發傻的樣子都學給他看，還是什麼也看不到，還罵你瘋了咧！

這多像禪修的體驗呢！如果你沒有任何經驗，任憑說破了嘴，講得再生動，連所有微細的心的變化，或眼耳鼻舌身的所有反應，說得人說到沒辦法再更詳盡、清楚了，聽者仍然茫然如霧。

其實生命中多的是這樣的說者說著生命中的種種體驗，對沒有經驗的人而言，即使是最真實的歷程，也往往當作故事來聽，聽聽偶爾想起還會應一句：

「喔？真的嗎？這樣呀！」唯有自己哪天真的也經歷了，才會真正把那樣的經驗收妥，也才能有恍然大悟的覺受。

看著一個個愈來愈繁複的圖像，愈發覺得與其看著書，聽著別人的故事與體驗，如果是自己真正認為值得經歷的生命歷程，就不要停留在聽著、看著的階段。例如禪修，想真正體驗那些歷程對生命的重新翻轉，就趕緊投身其中。畢竟別人的經驗，永遠是別人的鏡中花水中月，遠遠看著如此真實而清晰，稍稍撥亂了水花，就什麼也看不到了。

如何把那看似幻境的影像，成為自己生命中的真實體悟？想是在閱讀之外，更鮮活的生命課題吧！如果你是看不懂3D或5D圖案的人，千萬不要說那些看得到圖像的人眼睛脫窗喔！沒有經歷過的事物，可不代表並不存在呢！

邪見

如果相信世間一切都是隨機碰撞，
如果認定世界的敗壞都與自己無涉，
如果擁有權勢的一刻，忘了人的局限……
恐怕你已經中了邪見的毒了！

透視邪見煩惱

邪見煩惱總是帶著笑臉面具、溫柔的臉面具，而骨子裡，卻在你上當的時候狡猾地冷笑。

如果你相信這個世界發生的一切都是隨機的，沒有什麼以往的因緣，當然，做完了也就不會有果報。今天能享榮華富貴，是自己的命好，跟別人的努力無關。做老闆的我今天高高在上，是因為我有錢，跟員工的耕耘無涉。只要這樣的觀念被種植到腦子裡，關於感恩等等，似乎便不在其生命中具備任何意義了。

而類似這樣的邪見，小則養成我們蠻橫對待生命的態度，大則在面對人類共享的資源時，很難生起真心的護惜。

邪見大部分都很迷人，因為它們容易貼近人心最不堪、脆弱的一面，但是如果能體會放縱之餘的後果，或許也才能理解邪見對生命的危險與威脅所在。

邪見煩惱

沾染容易滌除難

都知道染布容易，而漂白難。只要一點點剩餘茶葉淡淡的褐色，就可以把雪白的布染黃，而且不必加什麼定色劑，洗都很難洗得掉。可是想要把一小塊污漬漂白，有時連大半桶的漂白水也使不上力。

習氣沾染也莫不是如此。

但麻煩的還不是習氣，比習氣更難除的，是意識型態的顛倒與執著。

最初可能是一點好奇心，或對某些事物有一丁點微細而難以察覺的貪念，甚或對某些事有著企圖心，當外境或誘惑上門時，便可能結合自己的心念傾向，而被邪曲知見所左右，或者養成了習氣，或者構築了思惟的慣性與城堡。然後不知不覺間，一天嚐一點點滋味，久了，就不再只是外境、他人的誘惑。

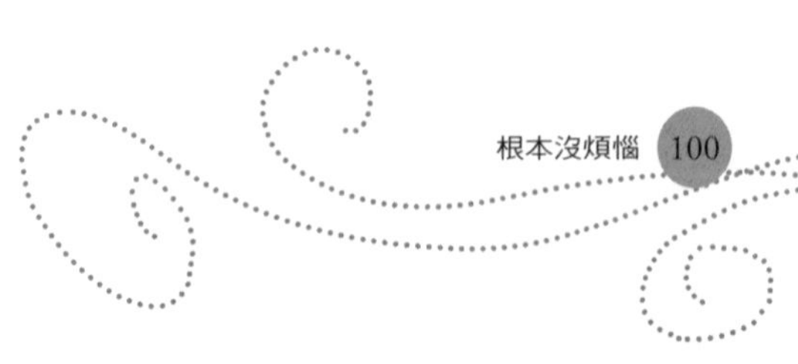

如果是習氣，逐漸逐漸變成自己捱不住，甚至不假誘因，就直撲而去。如果是意識、念頭、思惟上的沾著，就可能因為逐漸堅固而定了型，難以轉圜，而變成顛倒卻堅固的執念。

其實在誘惑初初上門時，如果警覺性夠，還是有機會不讓根苗茁長的，因為心底都還有一股靈明，會讓我們偶或出現一點矛盾，有些微遲疑。然而如果任那一點偶爾的清明散去，慢慢習以為常，就很難維持清醒了，甚至還會給自己找來許多漂亮的藉口，錯也錯得合理，怪也怪得應該了。

在這樣長期的無明熏染之餘，只憑靈光乍現，想要回復先前的清澈，或能夠對任何知見產生清楚的判斷，真是談何容易。

如果只是習氣，有時靠著意志力與短暫清晰的心念，說不定善知識大喝一聲，還可以斷然止住，然後才有修正的契機。

最怕是在意志萎靡、心力昏沉時，如果這些誘惑又與性情相應，與生命的目標方向接近，使人生出錯覺，認假為真，那可就將直直沉落無法拉抬了。

有時候我們相信如幻境界的心，堅固得難以衝破，萬一現實的一切又不順遂，還可能沉溺其中，無法體認當下每一刻努力的因緣與必要。於是，緬懷或痛苦於已經調校過不甚真切的過往記憶，或描繪、想像恐怕只可能實現於幻覺的未來理想，終使得人們意識逐漸迷離，無論是「生病說」，還是「業障說」，彷彿也就代表著一種無力挽回的放棄。

別人的放棄也就罷了，自己也放棄了，生命將變得如何悲哀而沉淪？不斷重複的慣性輪迴，終將使人無力自心念的泥淖中拔除而出。

想想那原初，可能僅僅只是一些錯誤的知解，或者逃避、或者著迷，最終，卻成了難以滌除、難以調伏的煩惱與障礙。這才更清晰體會，每一刻維持覺性的必要，以及不斷練習在種種境界現前時，以安定的心清醒地觀照、覺察是生命中多麼重要的功課。

見取見

認為自己的觀念、方法是最好、最清淨者，是一切鬥爭的根源。

透視見取見煩惱

見取見煩惱是一隻好鬥的怪獸，喜歡張牙舞爪顯現自己的權威，以嚇阻別人的挑戰。

如果你也好鬥成性，只要一討論到自己信仰的觀念，一說起自己的方法，無論是求清淨還是求成就，都有一股赫赫生風的威猛，見取見煩惱可就會飛也似地找你報到了！

其實肯定自己的信念，服膺自己的理想完全無涉是非；自己用對了方法，得到長進，得到受用，也無庸置疑。

然而分享與強迫推銷就住在隔壁，只要一念越過了門牆，好意就會變成壓力，如果再超過一點點，就會變成鬥氣。而原本良善的美意，也就不小心被見取見煩惱給徹底摧毀了。

不預期的行旅滋味

旅行可以有很多不同的目的，也流行著很多不同的方法。有時候我們原先設定的方法，會在行程之中走著走著，融入事先想都沒想過的新奇結果，詫異之外，會發現雖然計畫是要的，但可以不必帶著太多拘泥的形式。

乃至於旅行的目的，也常因不同時空因緣的交錯，給出了不同的滋味。所以，逐漸地，每回要進入比較長程的旅行時，期待的心就慢慢降到最低，而以空白的心境踏上旅程。

有時，我們期待一種休閒式的行程，卻因為偶然間發掘了值得學習的所在，本能的專注與探究精神自然生起，休閒之中多了一份額外的充實。有時，大夥兒走的是朝聖之旅，但沿途山水各有奇麗，彷彿享受了一場天上人間的美

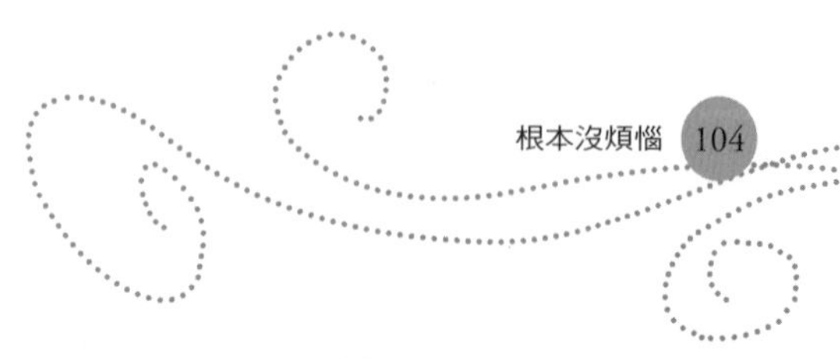

好經驗。

因此雖然書坊中充斥著旅遊的書，有時詳盡到彷彿讀了一遍，就好像走過了一番。甚至有朋友說，最好就透過文字來旅行，因為比較安全而生活規律不被干擾。但自己卻從來無法透過這些旅遊書感受異地的滋味。旅行對自己而言，很大的一個魅力，就是打破規律。此外，一定要在畫片中的景物裡貼著身心感受一番，嗅到空氣中不同的氣味，然後知道生命的不同滋味其實都美好。

另外一個無法閱讀旅遊書的原因，是喜歡讓自己以一無所知的態度與心境去面對全新的事物，就像生活、就像生命的旅程，本就充滿難以預期的狀態，如果都知道明日乃至未來種種，甚至透過文字、圖片或想像就來一番沙盤推演，然後彷彿經歷過了，也就隨之擱淺了的生活，如何端起心力專注過活？

事實上，生活也便如一段段蘊藏種種未知與神妙經驗的旅行呢！把旅行的獨特況味融入日常的生活中，於是無論在任何狀態下，都可以隨著心境醞釀出旅行的豐富與新鮮。

我們熟悉的城市一直在變化著，即使平日走動的街衢也不是一成不變。心境呢？看待事物的心境，不是也隨著每日的進與退而有著輾轉不同的滋味？

久久，總會把自己拋在一個看似熟悉卻又陌生的城市一隅，不知道是不是經常練習著把一切都看作不尋常，因此，有時相隔一兩週才去的地方居然也就陌生起來。人也是這樣吧，分分秒秒因緣轉動著，於是知道什麼是該要珍惜的，而什麼又是不必執著惦念乃至於牽絆的。畢竟，生命行旅中，重要的是歷程，以及其中的學習，而不是事前的期待與過後的回憶、懊惱或思念吧！

心靈處方箋

用「全新的心」旅行

戒禁取見

認定或依賴種種非理性的禁制行為，以為可以得解脫，而精勤於無作用的自我限制。

透視戒禁取見煩惱

戒禁取見煩惱性格拘謹又單純，最容易被唬弄。就算被騙，只要別人說得出個道理，通常都會相信而堅持到底。

它最喜歡找個性嚴謹到過頭，或有一點點自虐傾向的人聊一聊。如果你認為拚命練腿到完全感受不到腿的存在就是會打坐，早晚可以入定；如果你以為拜佛拜到額頭出血可以感天動地；如果你認為不吃飯可以餓死貪煩惱，你就是戒禁取見煩惱最喜歡的對象。

如果所有的戒律、儀軌、訓練都不能與心相應，就算腿可以彎到脖子上，最多也只能進馬戲團。

戒禁取見煩惱

不能說的祕密？

常有人知道我的宗教信仰之後，迫不及待地問起許許多多「傳說」中的「禁忌」。有一回，一位向來以百無禁忌聞名的同事，神情凝重地把我拉到一旁，嚴肅地說起他車上的GPS導航系統把他帶到墳場，害他心驚膽跳在其間繞來繞去，好不容易離開那裡，心裡有些不安，想與我討論那樣會不會驚擾了好兄弟？

至於打坐會走火入魔，所以不可打坐的顧忌也時有所聞，但如果問起什麼是「走火入魔」？往往會換來：「不知道，但想必很可怕。」這樣的回應。

這使我在上「生死學」或「宗教」相關課程時，試圖想做個簡單的調查，請學生對「曾經聽過的禁忌，以及傳說中犯了禁忌會如何？自己信不信？為什

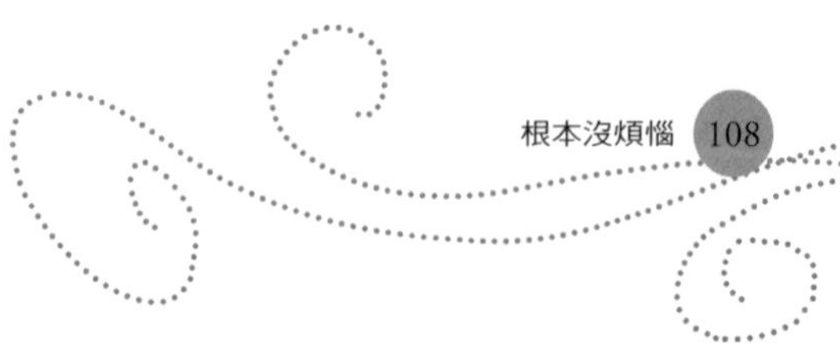

麼？」等等問題做出回應。

由於學生背景接近，禁忌多半來自共同的文化，內容有許多的重複，不外乎與神鬼、宗教儀式等相關；至於信與不信部分，更普遍以「寧可信其有，以免遭遇不祥之事」的理由表達了對集體文化信仰的支持。也由於相信這些忌諱，所以成為這一類「禁戒」的信徒，雖然他們多半沒有明確或固定的信仰。

這些戒，主要來自長輩或同儕間流通的資訊，而他們大部分選擇不去問，甚至也不認為可以突破禁忌去問，所以默默地信而且守著。

延續這種傳統上對禁忌敬重、畏懼的模式，很多人即便進入宗教信仰層面，對許多流傳於同修道友與前輩之間的「禁戒」，也會傾向默默接受並持守的習慣。於是許多不知打哪兒來的「禁戒」，就這樣不知不覺在信仰者的團體裡凝固成一種好像顛撲不破，卻完全不明就裡的堅持。

除了來自敬畏，也有些戒來自無饜的貪求，所以別人說些什麼都很願意相信。例如想升天，想過神仙般生活的人；想學神通以便擁有超能力的人，在被交代這樣不行那樣不可以的時候，即使理性很容易打破這種迷團，也可能因為

「執迷」所以被牽著鼻子走，甚至想到未來的天堂或特異功能而無怨無悔。

如果回到「戒」的本質來看，清淨的戒沒有利益交換的問題；清淨的戒，就如佛陀所說的每一法，都禁得起懷疑、禁得起檢視，更需要清晰的智慧來判斷。如果受得一法，卻被交代絕對不可以如何如何，而又不能說清楚背後的動機與原因，這樣的戒基本上存有愚化信眾的動機，需要面對質疑與挑戰。

真正的清淨戒，是用來保護身心的，受持清淨戒，重點在於身心的鍛鍊與安住。如果持戒是為了達到某種目的；如果傳戒、受戒的過程，充滿著神祕的色彩，強調種種「不可對外宣說，否則將遭這樣那樣的報應或懲罰」的規定，不但不能得到智慧、得到妙法，使自己從煩惱中解除，反而可能是誤入泥淖的第一步，也是被另一層次的煩惱束縛的開始。

每當學生問我，什麼樣的宗教團體不要輕易加入時，我總會想起這樣一段台詞：「出去之後，不可以告訴別人你們學了什麼，否則……」

體檢戒禁取見煩惱

如果想要讓你相信一個人或一件事，必備的條件是什麼？

你是否曾經有不可觸犯的禁忌，後來卻發現是一種不必要的迷信？

你如何看待這樣的變化？

小隨煩惱

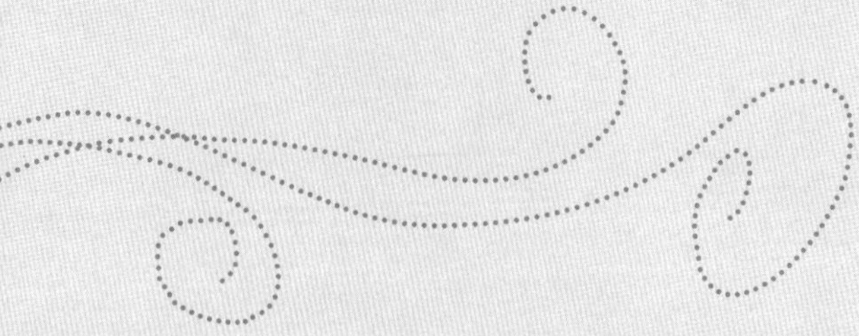

忿・恨・覆・惱・嫉・慳・誑・諂・害・憍

忿

對不順境界生起忿忿之心，暴躁、猛利。離於瞋便無法作用。

透視忿煩惱

忿煩惱是一隻莽撞的怪獸，不習慣用腦袋思考，也不太會用心感受世間；最喜歡靠近挫折承受度低的人。

如果你容易被激怒，容易被不順利的外境牽動，容易因為別人不順己意而心生怨懟，就是忿煩惱最大宗的客戶。

一般說來，忿忿來自不平，而所謂的不平，不一定是遭遇或看到什麼不公義的事而不平，不平的，其實就是被激惱的不平順的心境。等著陸遷輪替時，半路殺出程咬金，忿忿；晚起將要遲到了，公車不來，或來了之後人太多司機過站不停，忿忿。這些大事小事的拂逆心意，都會讓人失去理性，暴跳如雷而激烈反應。一旦有了你這些初步的情緒為基礎，忿煩惱就會協助你以猛利的方式出擊，而所有的善後，忿煩惱才不理會，你得自己收拾。

一朵白色梔子花

早晨一出門，瞧見擋風玻璃上一片白色的東西。

一向對塞在雨刷上的廣告很介懷的自己，第一個念頭是：「唉！又來塞廣告傳單。」待眼睛一瞄，以為是張白色的面紙，第二個念頭，還是：「唉！這些沒有公德心的人。」走近伸手準備除去它，才發現竟是鄰家牆邊被昨夜風雨吹落的一朵潔白的梔子花。

突然間，心境急轉直下，第三個念頭變成了：「咦！清晨一朵美麗的梔子花。」

同樣的一朵梔子花，先是眼根的誤差，把它當成了可厭的事物，接著是心念的層疊輾轉，從煩躁瞬間起了歡喜心。不過就是一兩秒之間，念頭就這樣隨

著根與塵的觸發，被拎著走了好遠。

而這，還是因為清晨出門，所有人與人之間的交錯運作還未曾啟動，心還沒有正式開始因人事物的連接而發生作用，還可以稍稍提起觀照力，發現自己的心居然已經開始幽微地轉動起來。然而大部分的時間，情緒起落瞬間，連起落都不太感覺得到時，就已經快速地運作到來不及阻擋了。

大部分的時候，我們總會因為五根與外境的觸發，心緒跟著奔流不已。有時才聽得一句話，還沒時間想想這話打哪兒來，誰？為什麼說？說的背景是什麼？說的目的是什麼？就已經隨之起舞了。甚且在紛亂的剎那，還因心的動盪，而跟著又說，把一件原本小小的事，無端惹大。

所幸，心還是主宰，當它清明的時刻，無論看到什麼、聽到什麼、嗅到什麼，或碰觸了什麼，都可以在即將反應出去前，用力地把差點隨境漂流的意念拉回來。拉回來一個不思前不想後、不驚不懼、不悲不喜的狀態，讓一切回復原先澄澈清明的狀態。或者，就在心已經隨境動來動去的一刻，發現自己已經掉入情緒的起伏波動了，還是可以停下來，看看這顆心怎麼了？前一秒鐘還是平靜無波，後一秒已經失控，正好可以找找失控的原因是什麼？

這樣微細的體會是件有趣的事，因為大部分時候總是看著雨就煩亂，曬到豔陽就悶熱，有一刻可以條條剖析自己的心念變化，而不是跟著外境隨別人起舞，反倒有一股悠然與自己作伴的新鮮。

有一陣子只要開始玩起這個覺察自己心念變化的遊戲，就發現一次平日看不到的自己內在的混亂或誤失，一次次的發掘，對自己似乎也會有更明白的認知。那時常想，原來，連自己都是陌生人呢！

於是，當與朋友同事發生糾結的心緒時，也才知道，其實平日對某些人的所謂瞭解，有時還真是誤判呢！因為誤判，我們失去了多少體解別人心意的感動與真心；甚且，曾經錯失多少體嘗美意的因緣。

就像梔子花，潔白清香而幽雅，可是當它被誤會成一張揉成一團的面紙時，是多麼受委屈呀！

心靈處方箋

時時覺察自己心念的變化

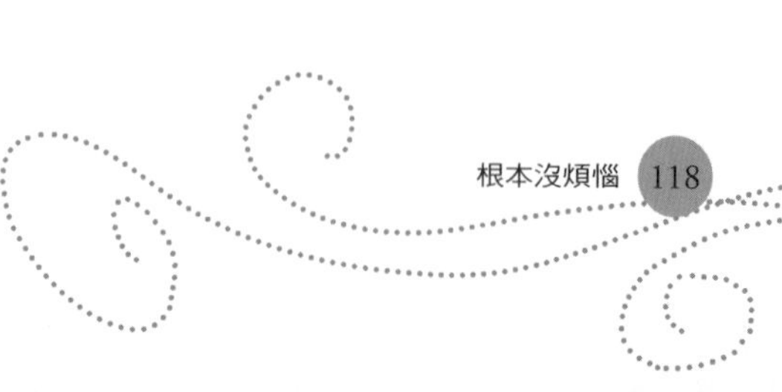

找到牛角尖就鑽得出去

出門的那一刻還是開心的，只是停車下來時，突然有一股厭煩。陽光還是很亮麗，公園裡的花草鮮翠可人，但原本期待走得更遠，不想困在城裡，就悶出了一場氣。想半天，也不知道氣什麼，不可能只是因為出不了城，所有出城的路，都因為假期而塞住了。最後才發現，原來氣的是不能如意順心地照自己想要的方式進行。

突然轉身看到了花市。

踅進花市後，所有的悶氣都消失。山蘇、迷迭香、香扁柏、薰衣草、薄荷，賣的人隨手折了片葉子，手裡揉一揉，好像跌進了草堆裡，久久不肯出來。開得豔豔的、清清的、淡淡的種種不同的花，讓人啞然失笑，只要跌進一朵花的世界，新的因緣就出現了。如不如意，真的只是一念。

於是才想起，原來很多時候，鑽不出去不是真的鑽不出去，是蓄意的任性；可是，對於真的陷入困境的那一刻，困局卻又顯得那麼真實，而無形中綑綁的網絡又好像結實地斬不斷、理還亂。那時候，說：「一切唯心造，轉開就好了。」聽起來便有一種事不關己的風涼味兒了。

可是，總得想個辦法吧！否則平白就變成一個死局，簡直就辜負了人天生具備與生命困境挑戰與遊戲的能耐，以及過程中所能享得的樂趣了。投降很浪費呢！而下手的地方，其實就是找那個最難解開的結，一解開，所有的糾纏就會豁然。

都說牛角尖最硬最侷迫，可是如果只有那條路，牛角尖自然就會變成開鑰匙的鎖孔。其實最難的，不是鑽不透的那個死結，只要是結，都一定解得開；最難的，是去面對那個罩門死穴。

其實照人生的歷程循線去理解，要找到自己的罩門可也不難，只要看自己老是跌跤的地方，老是折出傷的痛點，就知道問題的癥結。難是難在承認的那一刻，很是丟人罷了。而且，老是痛在同一個地方，久了，光想到都痛得不想去深思或探究。

所以面對著心與境的往來互動，有時心隨境轉，有時境隨心轉，都是解開自己困境的最好謎面。哪一種境最容易轉自己的心？哪一種心，最不易被境轉？就可以看到自己如幻的流轉與飄忽，如隨著水中漩渦流蕩的落葉，雖然轉著無法自主的紋路，可是如果視線從上望下來，還是找得到痕跡與脈絡。穩定的心，就會給自己一雙可以從上望下來的視野。

一個下午的心思跌宕，最大的收穫是祕密花園裡多了幾株相伴的花草。

心靈處方箋

面對與承認自己的罩門

體檢忿煩惱

生活經驗當中，

哪些事最容易讓你產生激動的情緒？

會因此影響你對事物的認知與判斷嗎？

當遇到讓人忿忿不平的事，

你如何反應自己的感受？

恨

先有忿，然後生起惡心，
從而放不下過往所結下的怨，而產生一種熱惱。
好像冬天屋子裡的熱度，溫度低低的，可是滿持久的。
最要小心野火燒不盡，春風吹又生。

透視恨煩惱

恨煩惱最喜歡跟著忿煩惱的腳步走，只要你啟動了忿煩惱的暴躁情緒，恨煩惱就隨之而來。它好像一盆爐子裡殘餘的灰燼，悶燒著，可是業風一吹，因緣成熟，就會讓你的心起一陣陣的熱惱，有一種咬牙切齒咬嚙著心的痛楚。

但是恨煩惱之所以能在你心中如休火山一樣的藏躲著，然後隨時咬你一下、啃你一口，最主要不是它有多大本領控制你，而是你心底對那原本只是忿忿擾得心不平的事，有一種放不下、捨不得的情結。

從一剎那的不平、不順而生氣，到割捨不下那過程中生起的怨氣，慢慢積累在心底，終究完成一個難解的結，就成了恨。

於是想化解恨，當然不容易。可是如果能試著還原到最初的成因，消解忿忿不平的最初因緣，比較能從根拔除吧！

恨煩惱

與你相遇，是因還是果？

突發奇想，然後，在一種奇特的狀態下經歷一場神祕的學習。

很久很久以前，曾經好奇學了一點梵文，那種已經經過羅馬字體轉寫的梵文，然後也不過就是學了一點文法與發音。只是覺得梵文好親切，比從國中學到現在數十年的英文更親切。也許因為梵文是佛經、佛典的文字吧！便以為是這樣的背景，使自己感到親切。

這段日子以來，每日誦著被轉寫過的羅馬字體的梵文咒語，習於讓這樣的音聲做為一天的開端，總覺得可以讀出聲音就很好了。但不知怎麼了，突然好像生出一股驅力，很想弄清楚印度那時人們怎麼寫這些字的？那些看起來好像圖畫，又有一種書法美感的悉曇字，究竟一筆一畫是什麼樣子？什麼意思？

努力在記憶裡搜尋了一番，想起一次特別的因緣，其實是捧個人場，去聽了兩個小時如何學習悉曇字的演講。於是翻起了這位老師的書與講義，前前後後把書翻了過去，把筆順順過一遍，便好像記憶被喚醒，不但記得五十來個符號的寫法，甚至熟悉它們加了個點，或生出一條尾巴之後，變成完全不同的另一個字的遊戲規則，甚至還可以抄寫起悉曇字的長咒。

那時聽演講，以為是編雜誌的果，因為講者是邀來為雜誌寫稿的作者；沒想到倏忽兩三年過了，那場演講成了今日學會寫悉曇字的因。

想起有一回朋友聊著該當做些什麼事，我閒閒地問起：「該做些什麼事，是我們生命因緣中的起因？還就是『果』了呢？」朋友遲疑了一會兒，而究竟是因、是果，我也不在意。畢竟，因與果，是這樣迴旋的、反覆的身影呢！

有時候，我們做了些事，以為是一個開端，誰知，那說不定是我們不理解的前緣累積出來的果呢？有時，我們以為正在嚐著果報的滋味，如果心念動呀動，就不只是受報而已，可能又造下另一個因了。

曾玩笑地跟一個朋友說：「哈！原來十多年前認識你，是為著十多年後的今日，透過你而加入這個團體。」其實朋友、親仇間的因緣果報，是更輾轉而複雜。如果彼此間無法在因緣來去間維持著清明，卻以愛怨情仇相攪擾，恐怕會像解不開的繩索牽纏般，纏繞煩了恨不得剪子一把鉸開，卻只要心裡厭煩的覺受一生起，就又纏繞住了呢！

所有的情緒、覺受都一樣，有一種蜘蛛絲般綿密的沾黏力道，如果想以厭棄逃離，最終還是會被黏回去。只有真正沒有雜染的清淨，只有真心想放過彼此，絞住的因緣才拆得開。而那，終究只是一念間的猶疑與清冷之別。

心靈處方箋

放過敵人就是放過自己

恨煩惱

芥菜與嗆菜

第一次在農禪寺吃到嗆菜，簡直「驚為天人」。嗜吃芥末的我，連最不宜沾芥末吃的食物都會忍不住破壞食物美味，硬是沾一堆芥末吃得自己哇拉哇拉一把鼻涕一把淚；所以發現居然有一種菜可以當芥末吃，趕緊詢問起嗆菜的長相以及如何料理，迫不及待想大炒一鍋吃它個十天半個月。

待備妥了嗆菜的原料——芥菜的菜心，並把一切道具準備好之後，竟然緊張得有點發抖了。原來，製作嗆菜很講究時機。首先，只能小小的火，然後快炒幾下，馬上起鍋用蓋子悶住，悶得愈久嗆鼻子效果愈強。

萬一在熱鍋裡的時間太久，或者悶得不夠徹底，它就會被還原為芥菜，一種雖然也可口，卻苦性堅強而毫無辣氣的基本味道了。但只要時機對，它就變成另一種看似樣貌，乃至於色澤都與原型一樣，味道卻差之千里的嗆菜。

簡簡單單的一種菜，因為處理的方式不同，卻起了如此迥異的變化。想起玫瑰花，開得燦爛時，簡直嬌豔欲滴；可是乾燥起來，卻又純樸得可愛。想起同樣的一個人，花衣與素顏，也就兩樣了。

這是物質本身的變化多端，看似同一物，也如此無定性，那麼如果是心的變化呢？不是更千變萬化而令人瞠目結舌嗎？

喜歡的人出現了，疲憊、病容都頓時消散，笑意可是打心眼裡瀰漫開，盈盈到快要滿出來，擋都擋不住，旁人都彷彿嗅到甜滋滋的香味。討厭的事情出現了，不用醞釀，眉心皺起，心緒低落到無法提起，管它天晴或下雨。這還是對待不同人的不同心思。

有時即使同一個人，看他不順眼時，對方一出現，馬上全身武裝戒備，橫眉冷心；哪天氣味兒合了，因緣順了，前一分鐘還吹鬍子瞪眼，下一分鐘已經歡喜相迎了。

所以善緣、惡緣就是心念的起落與輪轉，不只與時空外在條件無太大干係，連與對方都沒什麼必然的連結。反倒與心，與自己難以掌握的心牽扯纏綿。

朋友來問，痛恨一個人如果不解決，只是逃開能不能就算了，以後還要再來一輪，再來一會嗎？另一個朋友說過，人生最美的就是相信不會還有下一次的相會了，所以把它當最後一會，用最美、最好的心珍惜對方，相信那一會永生難忘。

可是如果就調心呢？吃著芥菜，想它曾是嗆菜的前生，也把它當嗆菜來享用，說不定就吃出嗆菜香呢？明天就試試看。

心靈處方箋

善心起善緣

體檢恨煩惱

懷恨一個人，

以牙還牙、以眼還眼，

是不是就能消解自己的憤怒？

如果不能，

用什麼方式處理恨意會比較好？

覆

對所犯的過失，起了罪咎感，
知道那是不對、不好的，於是想要遮掩；
因為害怕別人發現之後，會失去現有的名利地位，
而一心隱藏。

透視覆煩惱

覆煩惱有著多方糾葛的面具，最會深入人們隱匿的心思穿梭來去。

最初，不過就是犯了一個小小的過錯。只是擔心一旦被揭穿，或被責怪，或將不再被全然的信任，然後，萬一就因此失去現有的地位又該如何是好？

於是陷入不安的心，開始尋找對策。因為慌亂，便不復清醒與聰慧，以為只要遮蓋的好，就不會被發現了吧？這是傳說中「第一個謊言」出現的源頭。

接著辛苦圓謊的歷程於焉開始，一個牽著一個，得編織成網才能覆蓋那不斷串連的欺騙。這樣艱辛的歷程，只為了當初的一念貪心、一念捨不得，一念而已，就因此無法坦蕩。

如果拆解到最初，找到那一念貪心，知道就算失去也比圓謊這個大工程自在，就不會被覆煩惱牽著鼻子走了。

覆煩惱

走進別人的窗格裡窺見自己

很喜歡採訪，尤其是人物。採訪有趣的倒不是在城市四處移動的遊戲，尤其是盛暑時節，總會遲疑要不要讓好幾年太陽的熱能一口氣曬完。人才是採訪最迷人的樂趣，特別是陌生人。

透過採訪的歷程，常常是陌生兩個人不自覺的不設防，有時只是交換一個小小的人生課題，就發現進入了對方生命裡面一格格隱藏的窗格。人們會對他人開放的窗格數量不拘，有時一兩個，有時十數個，有時乾脆全面開放。端看彼此的關係、談話的愉悅程度與信任狀態，以及你是否誠摯地因理解對方，而產生一段短暫的陪伴因緣。

無論對方開啟幾格，如果懂得真心體會，即便只是一小格，也能看到生命

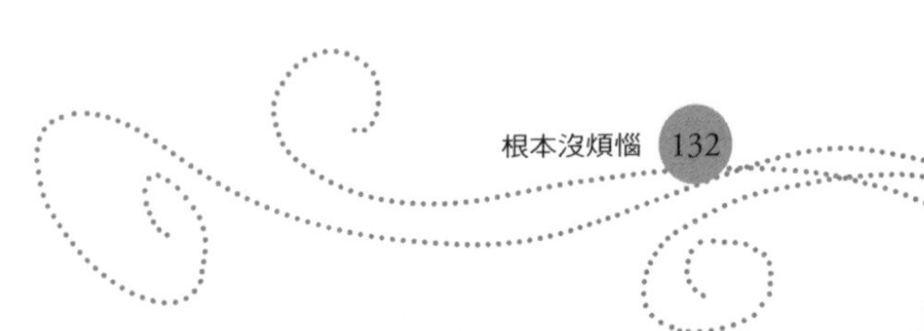

能量集中湧現的精彩。

有些是別人行旅的痕跡，彷彿也陪著造訪；有些是人情之間的交錯與流光，溫柔的情懷，美麗而貼心。藝術的、浪漫的、理性的、知性的，總有各式各樣的寶藏蘊藉華彩。

這樣的歷程持續一段時日，逐漸發現，除了跑到對方的窗格裡玩耍，如果在瀏覽風光的同時，也能以覺察清醒的心走進走出，在理解別人透過故事面對生命課題的態度與方法時，也能對照出自己的樣態。

首先是態度。你看到自己在這樣難得的因緣裡，心境的流動是賞愛？是讚歎？還是偶有不以為然？或者，在感受完全不同價值觀的思考方式時，又是如何一種反應？那時，可以看到自己的心，是否隨著波動而左右了觀者的立場，乍然相識的偶然片段中，是否不自覺地參與了什麼？

然後是反省。感受著每一個人經由與眾不同的人生經歷而踩出的軌跡，思量著這樣那樣的生活堆疊而出的價值觀，或苦痛或喜悅的情緒溯源，總會喚起自己內在的那一面，到底有沒有隱藏著什麼不為人知，也不為己知的壓抑。

其實，不一定是透過採訪的歷程，即便是熟稔的家人、朋友，如果也當作陌生人觀察一番，好似也可以重新認識對方，然後看到自己在其中穿梭的身影，對他人、對自己的意義，以及如何衡量、整理出更具建設性的互動方式。畢竟，習慣的模式如果是不自覺間累積養成的，總會因缺乏清醒覺知，而失去活水流動的清澈。

回到獨處的世界，也可以再來一番與自己的溝通與觀察，在人前、在自己跟前；在陌生人、在熟人，乃至於在讓自己產生煩惱源的人面前，自己轉換不同面貌的模樣與心思，流轉著什麼樣的訊息？

人是這樣慢慢認清自己的，在一個個不同的人的網絡之間。至於那些經常透過網路與人建立人際系統的「隱形人」，真想問問那時的你，真心在哪裡？

心靈處方箋

汲取他人智慧

●覆煩惱●

打開心的城堡

我們都希望別人喜歡我們、欣賞我們，希望把自己最好的一面讓別人看到，並且得到肯定與寵愛，害怕別人一旦發現我們的問題，就可能掉頭而去。於是，人與人總以一種保護自我、防衛自我的堡壘互相對待，盡可能地修飾自己城堡的外觀，卻不知道如果城堡裡城牆斑駁，堡裡的家具也殘破，那麼即使在外牆鋪滿鮮花綠草，也無法遮掩堡壘中傷痕累累或支離破碎的心。

而且這樣的僅僅外觀上修補，在明眼人看來，遲早訊息會外露。尤其是長久相處的人們，只要透過眼神的變化、肢體的比劃，乃至於言談間不經意顯露的意涵，都會瞧出些端倪。

所以人與人之間的關係就變得非常有趣。有時候，我們努力想與他人溝通，卻老是搭不攏，常常慨歎說了半天，對方還視茫茫眼迷濛，好像說到口乾唇燥，人家還是進不到心裡去，所以如果能找到以心相應的人，就格外珍惜。

有時候，明明是遠距離地看一個人，也不必言語溝通，也不必密切相處，你就是知道他是什麼樣的，那種透過觀察而一目瞭然的狀態，讓人覺得無論如何遮掩，人家就是會知道。

有心溝通的，遙遙相隔；未曾積極深入的，反而看著看著就懂了。說起來，還是心的作用。

心念一旦啟動，哪怕如何告白，只要對方感受到的是內心的微細變化，他就能看到言語無法形容的內在。所以曾有過一個故事，有個自稱有他心通的術士想與一位高僧較量，卻在遍尋不到高僧的心念後，甘拜下風。因為修禪定的高僧可以不讓自己的心念起伏，而定中的狀態，是連神通也透視不到的。

因此，如果心念夠安定，不但不會隨境起舞，也不必擔心無法與人溝通，因為安定的心，就會清澈透明，別人也自然會感到清澈；如果處於心思紊亂的狀態，即使用再多的語言想傳達自己的想法，或遮掩內在的不安，乃至於說的就只是檯面話，別人也很容易在專注對待後，從耳朵的傾聽，進入你百般遮障的花園。

溝通原來不難，只要每次都專注，心與心，就容易相應。證諸每回安靜而深刻的採訪，就更明白了。尤其，打開自己心的城堡，別人容易進入，自己也能開放空間，讓別人的意念流進來。那時，一種心與心的重疊相應與交會，就是毋須言語的另一種拈花微笑了。

心靈處方箋

以真實的自我與人交往

體檢覆煩惱

在成長過程中，

有沒有什麼事是你不想誠實面對，

或總是遮遮掩掩害怕別人知道？

你覺得坦白面對問題好，

還是繼續假裝忽略它好？

惱

由於先前生起的忿恨心，
接著出現追觸、暴熱、狠戾的特質。

透視惱煩惱

「惱」的發生過程是在追究以往的惡緣、惡境時，觸發身心違逆的不舒服感，而有狠戾的情緒，發而為外，便是囂張、凶暴、粗鄙的言行，像蠍子般戳咬別人。

惱煩惱這隻怪獸不只擾亂人心，還會伸出爪牙傷害別人。一但被它攀附上，也會變得凶狠暴戾。惱煩惱這樣尖利，卻也不是憑空生起。如果不是因為不順心而忿，然後又積累成恨，開始掉入忿恨築成的輪轉中，反覆追究、思量那讓人不舒服的、身心違逆的痛苦來源，是些什麼緣？什麼境？而至無以復加時，也不會爆發出這股狠戾的情緒。

一旦惹上惱煩惱，就乖張、凶暴、粗鄙一一生起，像蠍子咬人一樣控制不住，先傷害了自己，然後透過傷害別人想消解心頭惱恨。最終，就是兩敗俱傷。然後，對著惱煩惱豎白旗的你，會因此多些舒坦？或卸下心頭恨意嗎？

●惱煩惱●

你現在在哪裡？

曾經以為自己恆常處於人的位置，有憂悲苦惱，但也充滿著各種可能的歡樂，這就是人吧！有時得意不免忘形，有時失意不免怨懟，卻不知其實當怨懟來時，心境有了衝突與對立，有了想要反擊困境的力道，就已經不再是人了。

在佛法的世界，這樣的嚴厲，其實是走到了阿修羅的橫眉冷眼，雖不至於出手刀劍，但口中不吐柔軟語，臉上不帶安詳與平靜，就已經凶光外露了。

或者，有時病苦中，飢渴而不得食，宛如餓鬼眾生的窘迫；或者，有如孩童時期，想要的得不到，心中對欲求的飢渴，也不外是這樣一種苦惱的焦迫。思之不得，念之不得，即使近在眼前，不該你的就是不得。當時心的苦惱，完全無法退開來思量不得是因緣，不得反而是善因緣，讓人有機會思量人生中的

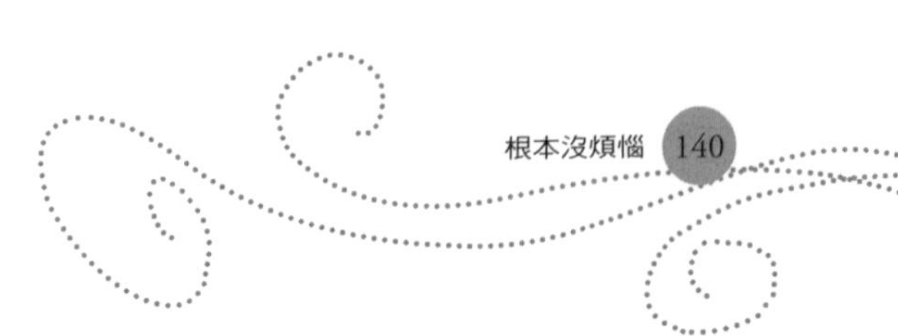

一切不是皆能如意而得，也是一種餓鬼的處境。

或者，當我們陷入一種昏憒狀態，心無法清明的思惟，反而隨著業力拉扯，還自以為追逐著成功或夢想，卻不知那種追求並非自己真實想要，不但汲汲營營，甚且還造作更多的業，想要借助手段滿足企圖。這時，與畜生道的憑本能追逐有何兩樣？

這些苦，也只在自己不曾知悉自己的位置，因為不知，所以無法稍停，無法暫時打住；並安心在那個無法獲得的當下，安心在那個其實是可以覺察並清醒的契機。

生活中多的是這樣的因緣，只因心念無法停止於這樣的混亂，就失去種種轉化的機會。

每當窘迫出現，情緒也跟著攪入，於是心念隨著起落，哀怨、苦惱隨之而起，好話聽不進去，好事不懂得把握，好人不知道珍惜。一次又一次看到、聽到，甚至自己也捲入這種一念之間六道輪迴的尷尬情境下，再度地證明生命流轉中業力牽引的無奈。

然而此生重新為人，為的不也就是重新建立此世的好因緣，改變過往的習氣，並且為來世種下好的種子與好的緣起？如果能在苦迫的同時，思量到得為人身的可貴，或許就不會任由業力輪轉而沉溺不已了。

近日讀一遭逢生死邊緣的人，從苦痛中得到對因緣、因果的深切思惟，不禁在感到有幸得生為人，得聞佛法，得遇明師教誨的歡喜中，感動得熱淚盈眶。畢竟，幸福原來就在手邊，只是妄念起時，業力牽引時，常會忘了惜福的意義，也常忘了福報真的會用盡，若不懂得培福，就只有在業障現前時，被膠著的情境燃燒並且愁苦了。

新的年頭，看到身處這個優渥環境中的人仍相互大力傷害，而旁觀的媒體，仍以大幅的報導追究真相卻變相的加重傷害，實在心疼。這樣的業力中，如何維持清醒的心，讓自己也讓別人思索清明的意義，恐怕是此刻更重大的功課了。

嫉

對別人的名利、榮耀、優點，生起一種難以忍受的妒嫉，進而生出憂戚的苦惱。只要聽聞別人擁有自己沒有的事物，便會因而抑鬱不安。

透視嫉煩惱

嫉煩惱對成功、歡樂、慶祝的氣味特別敏感，只要有人為此開派對，它就會來報到。

在成功的場合，除了那位當下令人豔羨的主角之外，周遭的人只要一念生起不忍之心，無法容忍別人享受那種成功的喜悅，嫉煩惱就會來綁架你的心，讓你坐立不安。

在你看著別人的榮耀、順利、成功、得意時，嫉煩惱會去誇大那些成就的價值與地位，讓你因為自己沒有而抑鬱寡歡，心起憂戚。有時候，明明那些成就你也不缺，可是嫉煩惱會來告訴你：「是的，你也有，可是就沒有別人的好！」

有一帖解藥一飲就能解嫉煩惱的毒，那叫作「隨喜」，可是想拿到隨喜之前，要先進行心脈擴張術，心打得愈開，解藥愈容易到手。

嫉煩惱

鍛鍊眼力

做文字媒體其實不只是藉由文字與人結緣，尤其在重視圖像的這個時代，如果能為所傳達的文章，找到合宜的圖片來陪文字一起說話，一方面可以幫助思考、記憶、聯想，還能打開腦袋裡許多神祕的想像空間。

雖然文字有一定的作用與效果，但一張好的相片或插圖，可以使讀者與作者產生更豐富的互動與連結。尤其如果醞釀這張相片或插畫的主人，也是細膩觀察世間萬象與心思流轉的有心人，那麼二者更是相得益彰了。

也因此，為讀者與作者牽起橋樑的編輯就在某種程度上產生一種不尋常的意義與價值。

雖然找出一張合適的圖片相當辛苦，也極為主觀，不過尋找的過程中總會看到每個人不自覺流露出來的內在深廣度。

最怕是沒有意識的瞎貓碰上死耗子，不小心找到一張不錯的，卻不知道何以會貼切作者的思惟。可是一旦練出了自己的眼力，找出自己的眼光，就會發現找圖的過程變成一場相當有趣的遊戲了。

不只找相片要靠眼力，寫東西、企畫案子，甚至只是觀察這個世間的種種，眼力都值得鍛鍊。為什麼你的生命可以釀出與眾不同的滋味？為什麼讀者或他人可以從你的眼光中看到他們沒有想到的天地？也正是展現自己生命經過淬鍊之後的光華吧！

事實上，終究這個世間並沒有所謂標準的好眼力，於是也經常有所謂的「打破專家眼鏡」的趣聞，正是因為所有人生的考題都沒有所謂的標準答案，因此這種鍛鍊就不只是訓練眼力，還得強化自己的彈性，唯有心能完全的開放，才能收納更多豐美的展現，也才能在平淡之中發掘到純粹的美感。

其實好眼力人人都有，只要你的心夠開闊，就能藉由每個人所展現的生命風采看到對方的好眼力，這時，你已經不只找到自己的眼力，也慢慢練就欣賞他人的訣竅。

而自己又該如何看待自己的眼力？以及應該如何培養、鍛鍊自己，乃至於為自己的生命釀出醇美的滋味？恐怕也是人生的一大課題。

如果願意讓自己的生命沉澱出菁華，那麼試著在紛亂的思惟、情緒與人際的拉扯中，給自己一點空間安靜片刻，說不定心的止靜，就會為你打開一扇不可思議的敞窗。

心靈處方箋

開放心胸

慳

耽著於法或財，不能以慧心捨出、布施給他人。因而累積出的積蓄，便是鄙陋積蓄。

一般人的慳，

來自於對住處、家、布施、稱讚及對法的慳貪。

透視慳煩惱

慳煩惱怪獸不但小頭銳面，連五官也鋪陳出一種小眼睛、小鼻子、小嘴巴的鄙吝。俗稱小器，專門喜歡找心量小的人。

如果你的字典裡沒有「捨」，不能體會不會因為布施而失去什麼，就要小心慳煩惱偷偷跑來幫你的東西貼上「這些都是我的」的封條。

有人認為自己是住處的國王，尋常人不得上門；有人認為我自己的家族最要緊，所有後來加入的都是外人；有人不輕易布施，認為那會白白失去；也有人捨不得稱許別人，卻喜歡別人讚歎他。而種種的小器，最麻煩的是對法的慳貪：這是我們的法，不可以外傳；這是我們的法，別人無法理解；這是我們的經典，外人看不懂，也不必教太多人用，以免失去法的尊貴，降低我們這些入門者的尊貴與稀有難得。

因這樣小氣而築起的圍牆與籬笆，就會愈縮愈小，而變成一個封閉的山洞。

慳煩惱

彩虹國度的朋友因緣

聊起朋友間的因緣。

有個朋友說：「唉呀！你與某人身上發出的光同是某種顏色，所以你們是同一國的；但是，某些人又與誰誰誰有宿緣，所以是另一種同一國度的因緣。」另一個朋友笑著說：「那他自己不就是彩虹囉！因為向來與不同的朋友相處，他就會變成那個國度的樣子，也就發出不同的光譜囉！」

不過最重要的，朋友說：「主要也是那個看的人自己的心境吧！」

以前並不那麼強烈感覺，人與人之間真的沒有所謂的完全而徹底地彼此瞭解，總是互相在某個領域交錯著，並在各自的世界中用習於的模式彼此相識，而每個人的生命也是如此煥發著不同的姿彩。

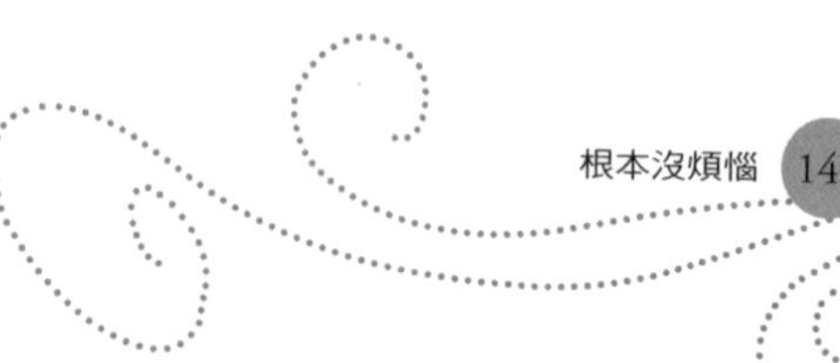

有時候，我們吸引相類似的人成就彼此的因緣情誼；有時候，我們在與他人相處時會勾起對方不同的特質。於是有些人眼中憨厚老實沉默寡言者，會在不同的人面前變得風趣而調皮；有些人看似嚴肅而淡漠，卻又自在地與他相熟的朋友展露天然。

於是當一個朋友哀傷地告訴我，誰誰誰如何對待他，使他對人性極為失望時，我問他：「如果把自己挪開，看看那個人，又覺得如何？」他思索了一會兒，笑著說：「懂了。」原來當自己放在情境中，對方就會因為與他的互動而出現迴異於平日的樣子。

原本傷感的他，決定以後對待朋友要改改自己的一貫想法。但是，更深一層去想，就像那位自比為彩虹的朋友，如果我們在與他人相處時，先不要把自己放得太多，而是以對方的想法來看待對方的態度，把自己模擬為對方的樣子，將會發現要瞭解別人於是變得容易，要深入對方的思惟與習慣，也一下子就進入了。那種深刻的懂得，會讓我們自然地打開自己的心，而深刻地理解到他人的不同世界。

甚至，當對方在受苦或病痛時，藏傳佛教還有一種法門，是以交換法去領受對方的苦，因而便能發起深切的慈悲心。

而，那不就是像〈普門品〉說的那樣，觀世音菩薩以對方得度的因緣而現不同的相嗎？對方該以居士身得度，就以居士身讓他進入這樣的狀況，而學佛學得歡喜時，也就能把自己的歡喜真正地介紹給需要的人。

當我們真的體會了佛法對自己生命的受用時，是積極地抓著身邊的朋友到寺院裡參加法會，告訴他們要布施積功德，還是從對方的需求來提供法的不同面相，讓對方以他們需要的方式得到法的利益？

難怪說有八萬四千法門，雖是方便法，但如果不能先把這些方便讓他人領略，就塞本經書給人看，或說著自己受用而別人不解的一切，反而是種障礙別人體解佛法的反效果。

所以，不要莽撞地要感化別人，誰能感化誰？不先把自己照顧好，讓別人自然生起感動，強迫性地推銷，如何讓人對法生起歡喜信受的心？而自己領略幾分，別人大概也就體會幾分。

難怪人人愛看彩虹，隨不同的人欣賞不同的色彩，即便七個顏色一起出現，喜歡藍色的人大概看到彩虹時，最亮麗的就還只是藍色吧！

心靈處方箋

將心比心

體檢慳煩惱

在生命過程中，
有什麼是永遠屬於自己，
而不會改變的？
你覺得布施會讓人生變得困乏，
還是變得豐足？

誑

為獲得利益、名譽，
偽裝成有德模樣，特質為詭詐。
心懷異謀，
表現出不實在的言行。

透視誑煩惱

誑煩惱心思縝密，富於謀略。詭詐是它的特質，偽裝是它的專長。它的高明偽裝，很難讓人識破。

誑煩惱總喜歡跟隨「貪煩惱」辦事，只要你對某些事物露出想要擁有的興趣，對某些身分、名望、地位、利益垂涎三尺，而又沒有辦法循著正常管道擁有，沒有達到與那些事物相應的德行與資格，一旦起了貪婪，那麼誑煩惱就會下手幫你滿足欲望。

它會指導你如何偽裝，如何巧扮你的言行，久了，甚至會混淆你的心思，讓你所有的偽裝都有合理的解釋。

古人早說過「無欲則剛」這樣的話，只要有欲，當然就會被投機取巧分子如誑煩惱者牽制。

跟自己的左右臉做朋友

人類的潛意識與呈現於現實中的狀態有很大的差異，這已是常識。左右腦所管轄的區域不同，引導而出的個性特質、專長也不同，這當然也是常識。可是，人的左右臉呈現的內在、外在樣貌、性情不同，對自己而言，倒是新鮮的觀點。

看到電視節目裡做著左右臉組合的實驗，便也透過電腦嘗試組合一番，才經歷一場不只可以透過內在觀照，也能透過外在形象自我理解的特殊經驗。

其實透過內在觀照，想要具體、深刻理解自己對內、對外的面貌，有時會因為某些觀察上的盲點，而失去清晰的指認。尤其對他人如何看待我們，對自己用什麼樣的個性與態度與人相處，常常會不自覺涉入主觀的理解與成見。

但就在這場實驗中發現，一個人長什麼樣子，無論是常常笑著，或常常哭喪著臉，久了，一定會在自己臉上描繪出深刻的線條，就如同剪影一般，一刀一刀刻劃出的輪廓，很誠實。

用電腦組合出的左右臉，也有這樣的效果。於是，忍不住把親人、朋友的相片都拿出來拼圖一番。

那用來給別人看的，用來與人相處的右臉，有一種社會化的痕跡，通常會比較世故而老練；他人眼中性情圓融的人，還都會笑瞇瞇的呢。而左臉，就多半天真而童稚，但性情較封閉的人，就容易出現自苦的神色，或者抑鬱些，或者即使笑著，也有一種悶悶的哀傷、落寞。

最有趣的是，有些人的臉幾乎沒有兩樣，想起他們平日清明、朗闊、開放的性格特質，就彷彿曬著陽光的貼心與坦蕩。

原來，心裡不去想，嘴裡不說的，都已經寫到臉上去了。看著自己的左右臉，彷彿提醒自己，扮演不同角色時，不自覺轉換著各種面貌與態度的模樣，其實也是一種不平等的心思流轉。

左臉愉悅，而右臉精幹、尖銳的人，可能常用笑臉對待自己與朋友，卻吝於如此對待街上的陌生人；有時候，我們不忘劃分著自己人與外人，卻忘了在因緣流轉的生命之流裡，今日的朋友也可能是明日的陌路人，而誰知道，往昔宿業中，彼此又是如何交錯而過？

如果左臉常常悶悶不樂，可能常常注意如何招呼別人，而輕忽自己內在的聲音，習於自苦，便也難以建立真正寬容與平坦的思路。

更有意思的是，每一個時期，左右臉的樣子也都會轉換。因為心思分秒都在變化著，一切真真是唯心所現，唯識所造呢！

無論左右臉如何地長出不同的氣味，如何投射出不同的心境與情緒，都是自己心思轉動的痕跡。不用化妝品，也無法透過色彩模糊線條，想要讓它們看起來賞心悅目，還是徒留哀傷、苦悶，恐怕正是一門「心」的功課吧！

諂

為了迷惑他人，故意矯情設計，曲意奉承。
諂媚曲順者會以種種投機取巧的方式，
隱匿自己的真正想法，
不宜為師友，因無法起正教誨。

透視諂煩惱

諂煩惱長得很漂亮，還裹著糖衣，聞起來香氣十足，嚐起來甜滋滋。隨時帶著高帽子，只要你需要，伸手就能送你一頂去迷惑別人。

「無論用什麼方法，只要能達到目的」是諂煩惱的座右銘，所以你看不到內在真正的心思脈絡，看到的都是方法與技巧組合而成的彎曲地圖。

如果你習慣把真正的自己藏匿起來，好保護自己；如果你認定人與人之間最好的往來方式是維持表面的禮貌與微笑；如果你喜歡長袖善舞周旋人間，諂煩惱會幫你訓練得更精到，送你一張甜蜜的面具。

可是，如果有一天面具黏死了拆不下來，你忘了說實話的能力，卻對真假起了疑心……

換一張臉的魔術與藝術

朋友在極痛苦的狀態下說，因為看清楚了一些事，所以知道自己在整個事件中的臉孔，也跟著換了。

最近自己也面臨換臉的階段。

大部分時候，我們總是對著熟悉的環境與人，用同樣一張臉，那張臉來自我們心念的種種相應。對一個情境歡喜，會給它一張笑而開闊的臉；對情境無奈，不自覺地就是一張讓人難以親近的臉。但在習以為常的慣性之下，我們看不到自己臉的變化，甚至連鏡子也沒想去照。而身邊的人，自然也以為這張臉恆常如是，冷酷的應當也不會變得更柔軟；歡笑的大概也不至於僵硬。

但是，突然之間，周遭的情境變化了，我們與周遭互動的人才發現，原來，臉就如同面具，可以整個拆解開來，並且重新描繪以及上色。只要心念動了，表情就會鬆動，眼耳鼻舌也都跟著變了。

雖然一開始，別說他人不習慣，自己何嘗習於臉部神經的變化？有時忘了，又把原來的臉叫回來。不過，既然已經下定決心變動它，只要覺察到過去難堪的臉回來，記得調整一下，就慢慢換了過來。

但仔細思量，情境哪裡有變？只是自己的心念變了，所以一切相關的都在鬆脫，以為是別人變了、環境變了，其實是自己終於走出一些習慣的牢籠，看待事物的眼光有了不同，對待人的心境有了轉變，所以很多東西有了無限的可能與寬闊。

過去會讓你擰起眉頭的人事物，當你一旦有能力跳出習慣的對待方式，它們就不再會干擾你、影響你，乃至於讓你的臉凝重、苦惱；雖然狀態仍以過往的形式在進行著，可是你就是可以不再被困，而過去，你的那張臉卻是那麼悲苦到以為無力改變。

雖然說起來變臉不過就是變臉，可是過程中得花多少清楚的心力去覺察。

先要看出自己的苦臉原來是因為深陷苦境而來，然後要知道那些束縛其實只是因緣業力的牽纏，而不是它本然應有的樣子。最後，還要勇敢地看待自己，原來過往的苦臉，不是只有自苦，連帶也影響並傷害到別人。

說起來變臉也有那麼一點重新為人的意思，只是仍要小心翼翼地守候這樣的清楚心念，否則當業力一來，又不小心隨業漂流，則臉不免又要變回過往的悲苦或者冷漠，乃至於嚴苛到傷害自己與別人。

心靈處方箋

隨時給自己一張笑臉

害

對有情無悲憫心，甚至損害、逼惱他人。

透視害煩惱

害煩惱是一隻具有破壞力的怪獸，只要一出手，絕對造成慘痛的損傷。害煩惱總是四處流浪，直到遇見喜歡生氣的人，它才有落腳處。

平常時，人們不會輕易被害煩惱找到，但如果你是一個沒有安全感的人，對別人的言行敏感而容易受傷，為了自衛，忘記了別人也一樣害怕受傷，就會出動害煩惱來支援。

如果你因感受不平、委屈，而又無能為力、鬱鬱寡歡，也會與害煩惱相應。一旦你被逼惱了，也想出手逼惱他人，像這樣惡性的循環的結果，就會逐漸滋養了害煩惱。

最初是因為害怕，最後卻讓別人害怕你；原本是期待被保護，期待別人悲憫自己，最後卻傷害了別人，而忘了悲憫的滋味。

害煩惱

生命的露水

巷弄裡人家的門邊上長了一叢精緻的小紫花，不但葉片的形狀特別，顏色更鮮綠地讓人忍不住湊上前去細細端詳。尤其疑惑的是，這樣特別的花兒，居然是野花般隨地長出，從門邊的水泥縫裡鑽出來，生命力如此旺盛。還在思量這野花恁地別致，突然從屋子裡傳來驚喝聲：「唉呀！別摘我的花兒！」

我看著拉下的鐵捲門，怎麼也想不到聲音的主人在哪兒？以及怎麼會看到我蹲在路邊欣賞他的寶貝花？四處張望未果，只好彷彿對著天空般回了句：「只是來欣賞你漂亮的花兒罷了。」

不一會兒，鐵門旁走出一位笑容滿面的中年人，憨憨地笑著說：「我母親告訴我，這花兒可以治癌症呢！」說完指著他在附近樓梯花台、路邊種的幾株給我瞧，然後歎了口氣說：「上回眼睜睜地看著人欺過來，狠命就拔走一大叢，挺心疼的。」我看著門邊還有一株美麗的冬青樹，便問他：「為什麼不種到院子裡，偏生貼著牆壁外頭、沿著排水溝邊種？」

中年人這會兒露出專業的口吻嚴肅地說：「這花呀樹的，得活在大自然裡頭，我的院子架起了遮陽棚，不適合它們生長，曬不到太陽也就罷了，沾不到露水可不好。露水可是滋養它們生命很要緊的東西喔！」

這眷顧花兒的主人，悉心地安排它們享受生命的露水，又擔心被人輕忽地拔走，還在門上裝了攝影機，這才恍然大悟，怎麼才蹲著看花兒一兩秒鐘他就大叫起來，原來是這裡長了眼睛。

主人也許對於因為一時緊張，而對著牆外大吼的舉動感到尷尬，好心地請我進去欣賞他種的小樹苗，問我喜歡哪一株，可以挖給我種。我笑著謝過他的好意，樹苗還是待他爬山時帶到山上種吧。而我這個唐突的路人，就從那句給植物生命露水的話，得到好大的受用了。

是的，每樣生命都需要屬於它們的生命露水，才能活得興致盎然，夜裡能沾在花葉上的露水沒幾滴，但滴滴都珍貴，因為都被真切地吸收了。

我們生命的露水是什麼？每個人都不一樣，但都需要被餵食。人們活著比大多數生命都幸運，可以滋養的東西這麼多，佛經裡便說有四食，而無論是段食，還是觸食、意思食、識食，如果吃得對，就是滋養；吃錯了，就像不該餵養過多水分的仙人掌，給太多水反而爛壞一樣。

檢視著這些日子來，拿了什麼東西餵養自己，找出那營養豐富的經論、定課，也許再加強一些，也挑出不合宜的雜質。期待自己的生命在珍貴難得的佛法露水中，長成離苦清淨的堅定枝椏。讓生命飽足，果然是重質不重量的。

心靈處方箋

親近善知識

害煩惱

軟弱的時候需要什麼？

夜深了，即將張滿的月亮明晃晃地在天際照著。

朋友說起前些日子的徬徨與無助，不知怎麼，我卻熬不住睡意瞇起了雙眼。她輕輕地歎了口氣說：「妳累了喔！」

我努力地張大眼看著她，連歉意都比不過睏意，只有尷尬地笑了笑。

她說自己最倦乏的那陣子，好想有一個超出人意志的神或什麼的，告訴她：「不用害怕也不用擔心，只要靠著我，就讓妳無憂而安心。」然而剛接觸佛法的她，卻感覺佛法說的是：「妳要獨立喔！好好加油！」可是，她的心卻那麼無力，總彷彿離獨立還很遠。

突然好像懂得了什麼，我只好抱歉地看了看她，說：「去睡吧。」「如果能安心地好好睡上一覺，比說什麼道理都有用。」我想。

一向體解到的佛法大都集中在智慧法門上，隨時提醒自己的，也是要在最孤絕的局勢中安定，並且要能斷除煩惱。情緒紊亂時，祈求的是一把像文殊菩薩那樣的智慧寶劍，利利地斬斷煩惱，好像那清冷的劍光閃過去，生命就可以煥發自在與清明。

而，對於慈悲，竟就忽略了，甚至對觀世音菩薩柔軟而安定人心的力量感到陌生。其實，對有情眾生來說，如果心都安不住，怎麼跨過去悲傷、無助、軟弱、徬徨、恐懼，並且就直接可以擁有智慧？

到底智慧的力量從何而來？一個人擁有清冷的智慧就能掃除生命中的軟弱與無力嗎？朋友問著：「可以跟佛菩薩們說話嗎？就像基督教對上帝禱告那樣。」聽著聽著這樣的遲疑，終於也比較能理解，印順導師何以會說，佛入涅槃後，為什麼後世的佛弟子會對佛菩薩產生渴仰之心與孺慕之情了。

生命中有太多人力無法解決處理的事，憑藉著人的理性與智慧也一樣無法面對，人最脆弱的那一刻，需要什麼呢？如果一個可以依靠的肩膀不夠，那麼如何從無盡平等的慈悲大愛中得到心的安定，並從無私清淨的智慧中體解到踏實的一步步，應該也是自己未來迫切要安自己的心的功課吧！

所有的修行法門，也就是這樣針對不同性情的人，所給予的不同入門吧。有人只要聽到梵唄就可以靜下心來；有人在誦經或持咒的那一刻，彷彿能感受得到佛菩薩撫慰心思的力量；有人一坐上蒲團，世間紛擾就絕塵而去；有人在日常中修忍辱，給自己大考驗；有人則透過布施，法喜充滿。

無論是什麼，都不應偏執於一面。智慧誠然令人神往，但柔軟心才能先安一切紛擾與憂傷。沒有被撫平的傷痕，怎麼塗得上清涼卻無比刺激的藥膏？

徬徨時刻，原來那沒有實修過產生不出安定力道的「想像中的理性」，是絕對無法讓人真正從容的。此刻，望著桌前堆疊滿滿的書，想起朋友說：「要精進喔！」居然有點手軟。

害煩惱

紫蘇有情

關於生命的脆弱與堅韌，愈發無法體解了。

尊貴的，往往也危脆，讓人在失去的那一剎那，清楚地看到顛倒難測的生命情境；而有時看似卑微的，卻彷彿背後有一股難以量測的厚度，那份支撐力，卻常又叫人動容。

友人送來過兩次紫蘇，雖肇因於勞累過度的肝需要紫蘇來調養，但沒想到做為調養藥草的紫蘇，兩次都被我「草菅『草』命」給弄死了。朋友說取下葉子、澆水時總會念佛給它們聽，同時告訴它們取下葉子是為了與人結下善緣，總之，草木有情，無論說不說話，都當它們完全理解我們。

然而無論念不念佛，說不說話，它們還是在我幾次摘除葉子之後，悄然、

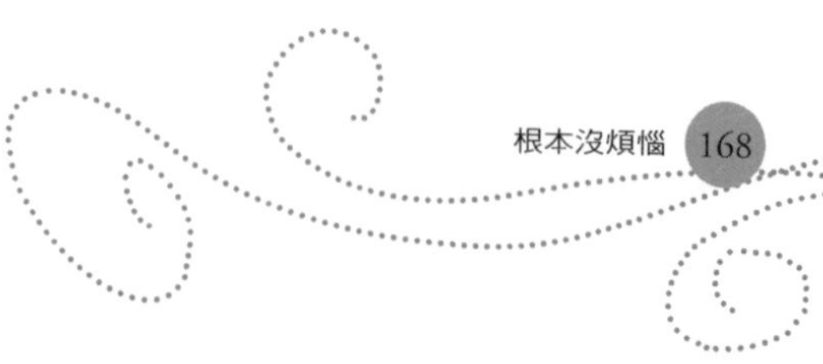

孤寂地凋零而去。

那一日，在另一位帶了紫蘇準備回去「扶養」的朋友面前，朋友拿了剪子，如護惜寶物般，輕手輕氣地一葉葉剪下葉子時，我終於發現了紫蘇在我手裡活不下去的原因。

原來取下葉子需要如此輕手輕腳，不能用力晃動它們，得扶著枝幹，用剪子輕輕沿著葉緣剪下，還不能太靠近枝幹處呢。而我的取葉法，就帶著自己一貫的魯莽，不但用拔的，還在扯動時晃到它們頭暈，拔取的時候，又把它們連枝扯離，不但傷了葉與枝的交情，還傷了它們的皮毛，說不定因此使它們保護水分的外層也有了傷口，以致流失水分、養分，甚至組織細胞也都遭到撕扯。

大地也如是吧！我們在它的上頭拚命地挖，挖得很深之後，用力鑿上鋼筋，然後疊床架屋地層層落上沉重的負擔，於是它們也脆弱地禁不住搖晃與翻動的力量。

惜物原來就是要把它們也當作有情一般，會痛、會有傷口、會有種種觸動。像我們被自己的父母呵護一樣，一點點痛，會一邊吹著，一邊疼惜地問：

「疼不疼？」如果我們對大地萬物都能如是貼心，相信傷痕容易好轉，傷口不會因扯裂而更難調治。

大地翻動之後，最最需要調養生息；有情受了苦楚，最最期待平安。而目前未曾被扯動受傷的我們，可以如何疼惜一切？如果人無能為力，即使沒有信仰的人們，也相信更需要懇請佛菩薩加被了。

而且當然，用更寬諒的心，用更柔軟的心，祝福並且撫慰，讓大家以溫柔、光明的能量，一起護惜這個受傷的大地與有情，就像那日與法師的一段對話：「除了念佛還能拿什麼供養眾生呢？」除了明朗的心力，還能拿什麼療傷止痛？

心靈處方箋

疼惜生命

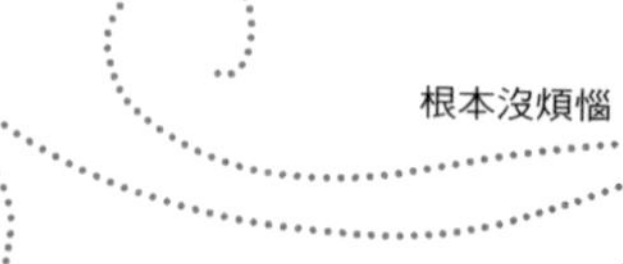

●害煩惱●

佛號聲中與你相遇

最近朋友推薦了各種佛號或佛教音樂的作品，加上做了一個佛教音樂的專題，於是耳邊的聲音瞬間豐富了起來。每天上下班途中，車子就彷彿變成一座流動殿堂，或是梵唄的和緩端穆，或是讚歎諸佛菩薩的歡喜欣悅，使得開車的感覺大不同於往昔。

以前說車流、車河，只是一種抽象的名詞，自從搭配了車裡流動的音符，車子跑起來就有一種流水般的悠然。

其中擇錄自焰口法會的那張梵唄，最是讓人時空錯置，彷彿回到風和日麗、肅穆端整的農禪寺大殿；或是金山風雨飄搖的街頭，隨眾專注地唱誦著焰口法會中深刻的感動。

然而焰口之所以吸引自己參加，倒也不只是莊嚴而已，法會現場那股慈悲、光明的力量，才更讓人感念不已。

向來膽怯，所以很難想像自己居然敢到法會現場，並誠摯而專注地期待著，那與自己曾有種種因緣的冤親債主，能夠也來現場接受所有有形、無形的供養。以前民間聽來的都是驅鬼的故事，所以對有情眾生不但無法產生同體心，反而充滿著狐疑與驚恐，加上傳統「敬鬼神而遠之」的教示，更以避之唯恐不及的態度逃避著。

學佛之後，才逐漸體會眾生並不可怕，尤其當他們找上你，若不是與你有緣，就是期待你能藉著佛法的力量為他們盡一份力，所以瞭解了這一層涵義之後，就能以歡喜心一再參加。期待慈悲而究竟的佛法，一方面能安頓自己的心，一方面也能透過自己誠摯地默禱、迴向給已經離世的親人，以及有緣無緣隨喜而來的冤親債主。

所以突破了一開始有著些許膽怯的心防之後，法師們以光明喜悅的「香花迎、香花請」迎請十方諸佛的過程，就讓自己因深刻的感恩而淚流難抑。乃至隨著法師的召請，觀想親人前來受供的悲欣過程，更一次次洗滌著心中曾有過的許多憂悲苦惱的情結。

每次隨著儀軌進行，而即將進入法會尾聲時，總有些不捨，怎麼六個小時的法會又要結束了呢？無論是清揚悅耳、令人歡喜的音樂咒；還是振鈴召請孤魂與會的悲憫，在涼涼的秋意中都暈染出一股暖意，讓人低迴不已，並在往後的日子裡，不經心地餘音裊繞。

由於法會過程中我們總也跟著唱誦，於是焰口法會於我，早已不只是法會，更不只是修持、攝心的過程，當中悲天憫人、期待幽冥兩利的菩薩願心，更配合著動人的文句，字字句句敲擊著感恩的心，在時而落淚時而欣笑的六個小時中，種下了更強的悲願，讓自己在修持佛法的這條路上，有著更深的無怨無悔。

山林中的音聲

行旅過日本的寺院，除了氣氛美、外觀佳，幾回震懾到自己的，是特殊的聲波因緣。

有時從熱鬧的大殿往山的更深處走，會在進入悠遠小徑的開端，看到鐘亭。有時是爬了大段山路後，喘吁吁地在山巔看到殿前有一口鐘。我總很想去敲它一敲，卻又覺得鐘好像是不可輕慢以對的。但幾次下來，總看見前來參拜的日本人，莊嚴又專注地拾起垂墜下來的粗繩，對著鐘撞擊了幾下。

後來知道，原來那也類似一種祈福的意義，而且，人人得而擊之。此後，我一定也去敲，也沒有想要求福求壽，也不是要祈願，只是想讓那悠揚的鐘聲在山林間迴盪，想那莊嚴的音聲，一定也會有感動或者讓人心開意解的效果。

只是笨拙的技術，每每失敗。朋友努力地在一旁教我如何在恰當的時間點上把繩索上的擊槌撞擊在鐘上，但沒有一次是成功的。聲音不是微弱到聽不見，就是粗糙地聽不出鐘的靈秀之音，鈍鈍地讓人聽了很沒力。

幾次下來，只好每次守在鐘旁邊等著，只要有人去敲擊，就在一旁默默祈願，希望大家都平安！都說聲音是宇宙間傳遞訊息最好的聲波，而鐘，沒有語言的糾擾，就只是單純地發出或宏亮、或沉靜、或安定的聲音，想來所能傳遞的力量會更悠遠吧！

除了鐘聲，幾回聽聞人在山林間發出的聲音，也別有感受。

那天已經近午，剛走出位於山路邊的勝尾寺，手中閱讀著從寺裡請回來的《心經》，經文旁注著日文的發音，我笑說：「可以練習日文發音喔！」突然從山谷中傳出雄渾卻迴盪林間的誦經聲，大夥兒努力聽著，有人說：「像是《心經》呢！有點像藏文、有些像梵文，肯定不是漢音。」我聽了聽，決定閉起眼來，凝神與聲音融會一體，而放棄去分辨念的是什麼。因為那純然的聲波力量，已經讓心整個沉靜下來了。

還有一次，卻驚豔、感動之餘，詫笑不止。那日黃昏趕著上長谷寺，美麗的黃昏走在幽靜的山林小城間，就像在畫片裡，每一處都是風景，簡直拍照拍到手軟。到了長谷寺，先不說整座山多麼適合人安然地守住修持的歲月了，同行夥伴根本就已經有人在大殿前跪定，以及不斷不斷地流淚著。

幸好老師說：「先吃飯去吧。就在寺外的山間小巷裡，然後再回來看長長一條入徑木梯上，點起一整排燈的，美麗與虛幻。」

於是飯後的我們，就迫不及待地回頭往長谷寺走，老師特別交代，不要發出任何一點聲音，不要驚動山林。走了一半，我便停在路邊沉靜地坐著，覺得連呼吸的聲音都攪擾。

突然間，從山上大殿處傳來僧侶們大聲呼喚似的聲音，但也像大聲持咒的感覺，無論如何，是聽不懂的，但非常好聽。

待老師與同伴們下來後，我隨口問起：「剛才僧侶們有儀式嗎？聲音打哪兒來？做什麼的？」老師笑著說：「那是幾個小沙彌跑出來，在大殿高呼：『天乾物燥，小心火燭！』」難怪那聲音如此動人，因為他們對整座山，對山間小城，對大自然、與物、與人，都有著純摯而天然的，珍惜與關懷。

每每雜音混濁，鬧得心也難止息時，就想起這些山間的聲音精靈。其實，只要願意，把心從混亂中抽離，就也是沉定的風景了。

心靈處方箋

珍愛大自然

體檢害煩惱

人為什麼會因為缺少安全感，
而以傷害別人來自我保護？
你覺得人與人之間，
有沒有可能絕對的坦誠？
或是一定要有反擊的機制？

憍

貪著於自己所得到的榮譽或得意事，生出自我陶醉與驕傲。

透視憍煩惱

一般人常有的憍慢，來自於對自己擁有姣好外貌、壯碩體格、富裕財貨、自在心境、優勢階級、行善功德、長壽、世間聰慧等種種內外在條件。

憍煩惱喜歡喝酒，任何得意的念頭，就是它最可口的佳釀。只要有人對自己的榮耀起了貪念，只要有人在這個貪念中起了陶醉，憍煩惱就覷過來嚐滋味。例如對自己姣好的容顏、壯碩的體格戀戀不捨；因為嚐過富裕的滋味，而害怕窮困貧苦；曾經歷過自在的喜悅，而生怕失去，停留於那樣的情境無法超越；佔住優勢的地位，得到優勢的階級，而患得患失；認為行善就有了功德，因而迷惑、執著於功德；對壽命有著狂熱的追逐，期望長生不老；甚至，磨鍊出世間聰慧，而仗恃著這樣的小聰明，無法跨越。只要困在這些美好當中，捨不得、放不下，就會被憍煩惱圍繞，而身心不由己。

●惰煩惱●

先聽別人內在的聲音

一位很親密的朋友突然間去國。我們幾個算是死黨的密友卻是輾轉聽來這樣的消息，非常詫異她在出國前還傳來電子賀卡，裡頭卻什麼也沒透露。

我們檢討了一番，發現原來彼此太親、太熟稔，使我們在她心境煎熬的那段日子，已習慣她的古怪行徑，而沒有體會到她的掙扎，甚且拒絕陪伴她去理解那時她所經歷的古怪經驗。也因為太親，所以還責怪她年紀一把了居然不知人情險惡，隨便相信別人，最後她卻選擇跟隨那個我們從未見過的人，重新開啟生活。

雖然即使那時我們陪著她一起理解那樣怪異的經驗，可能也無法阻止她如此劇烈地轉換生涯頻道。可是，如果能多理解，至少此刻不會擔心那未知的世界是什麼在等她。

這樣的事件，其實每天都在發生，只是，這回事態嚴重了，才觸發人去思索人際間互動的種種陷阱。

尤其在自己的價值觀或理念十分清楚時，總是習慣告訴別人怎樣的方式比較好。工作上，我們總先思考大家一起來成就些什麼，而忽略了讓置身其中的人們，先找到他們自己的位置。對方如果還不能找到自己安身立命的清楚座標，我們的理念充其量變成一種自以為的共識，而其實並沒有真正讓群體中的個體也甘願地依我們以為的「共識」來一起耕耘。

順境時，頂多只是誠實與否的問題。願意說的，我們還詫異怎麼會無法凝聚一個明確的目標？不願意吭氣的，就只是維持了表面的共同體。一旦遭逢逆境，大家愈發朝著各自的方向紛飛而去，就更難體會別人一心求去的堅持了。

這樣的決裂，最近似乎多了起來。朋友訴著苦，要我幫忙勸解別人體諒他的苦境；親戚拜託，希望孩子願意多替大人著想。聽著聽著，卻明白那不是對方不願意體諒或不願意著想，而是開口的人都先想著自己的意願，都先期待別人配合他們的計畫與處境。這樣的出發點，必然會結出共識難以達成的果實。

而我們，當然無法介入這樣的因緣。只是聽著的時刻，因為身不在其中，所以頂多提供一個觸發，觸發去思考先聽別人內在聲音的一種新因緣的開端，唯有如此，才能從已經認為陷入泥淖的困境中脫離出來。

就像一位朋友愛說的：「這就是旋開吧！」當一切都攪在漩渦或卷軸當中，唯有把自己從旋轉的拉力中，朝著另一個方向遷出，才不會陷落看似無解的人際糾結中。

想跟朋友重新開始，或想與家人建立新的互動關係，新世紀到來的此刻，不啻便是絕佳的時機呢。先破除以往循著慣例與舊有模式對待別人的心境，敞開心來先聽聽別人需要什麼，而不是先準備好對別人反應的期待值，或許才能打開一個看似難以鬆綁的結吧！

心靈處方箋

聽進別人想說的話，而不是聽我們想聽的話

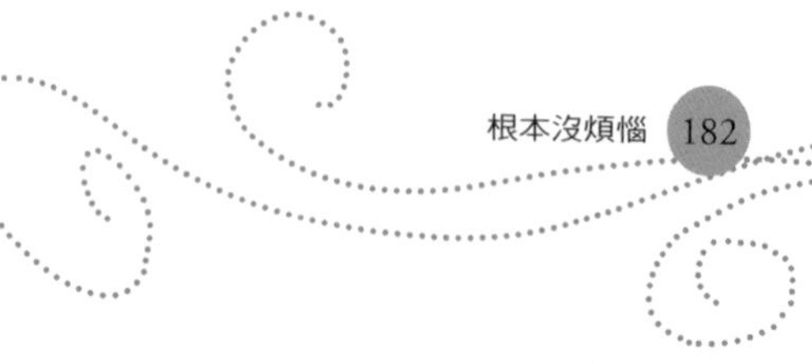

體檢憍煩惱

「自我肯定」與「放下自我」，
你覺得二者之間有沒有矛盾？
能夠同時做到嗎？
面對工作的競爭壓力，
你如何既自我肯定，
又能放下自我？

中隨煩惱

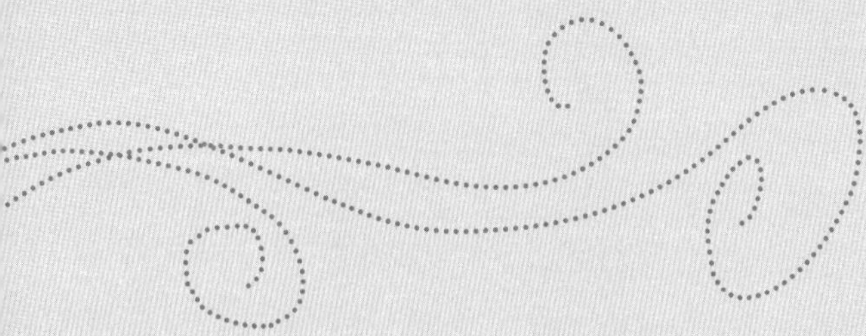

無慚・無愧

無慚

輕易拒絕賢善之法，不敬德、不忌憚有德之人；對自己所造之惡、之罪，不起無恥感。在人所不見之處，造作不當事，卻看不到，或無法清楚察覺自己的問題。

透視無慚煩惱

無慚煩惱有一種理直氣壯的霸氣，在它的世界裡，賢善、德行都不重要，既沒什麼好敬重的，也不必顧忌。

如果被無慚煩惱纏上了，也養成這樣肆無忌憚的習氣，便會漸漸地失去了羞恥感，即使做錯許多事，對別人造成傷害，心裡也沒有任何罪惡感，甚至是絲毫不以為意。

人前容或稍有顧忌而裝模作樣，人後便為所欲為，久了，就會完全失去判斷是非的基本認知、覺察力。這種人就好像一個不學習、或不認同交通規則的駕駛，用他自己的標準定義開車的規矩，隨自己的想法在開著車子，不但對自己危險，也會成為別人的威脅與負擔。

理所當然的妄念

後陽台用來堆置菜葉、枯枝的花盆裡長出一株攀藤植物，黃的花，大片大片的嫩綠葉，問起婆婆，也不知道那是什麼東西。猜著約莫是絲瓜吧！覺得這些植物真是了不起，本來是做堆肥用的，誰知會這樣大剌剌就自生自長起來。

過了幾日，已經攀爬到整片欄杆上，還居然結出了果實，不認識的光滑果子，完全不是絲瓜的模樣。思量半日，也不太確定，似乎最近也沒有食用過這類瓜果。到了這步田地，決定不去理會、研究，就等它成熟到讓人可以指認的時候吧！

生活中這類的事兒還真不少，習以為常，認為理所當然的事情，其實背後常常蘊藏著我們理解以外的狀態，其實，那也就是人的限制。理性上的分析、

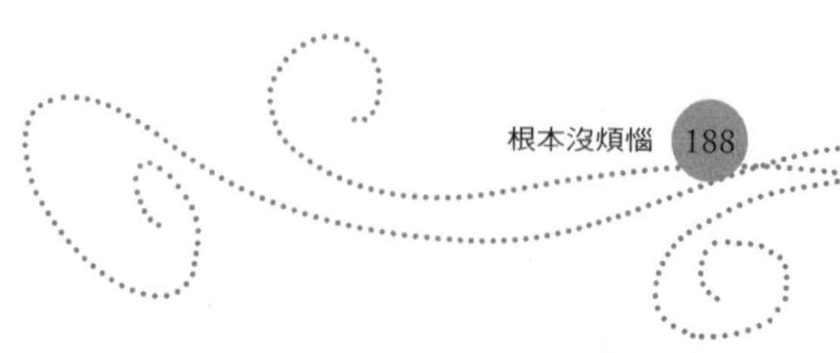

知性上的認識，甚至感情上的覺知，也都充滿著人心與智力的限制，乃至於語言，更是一種最粗糙的媒介。

偏偏這層粗糙與可能存在的誤差，老是為人所忽略。有時候，我們過度信任自己的判斷力，高估了我們對人、對事的理解與體會，而又用著理所當然的態度對應著這一切。心思細膩敏銳的人，更容易被自己給騙了，卻不知那涵藏在生命底層的世界有多幽深與難測、難解。

如果就用這一種理所當然的認定與人相處，總有一日，就會誤把胡瓜當絲瓜，還怪罪這絲瓜品種怪怪的呢！

想想這樣的心態實在有意思極了。自己的心時刻都變動不居著，流過來飄過去，能掌握的如此有限，怎麼可能認定別人會恆常守著不變的形式，等待我們用習慣的模式去對待？甚至，就用一種淺薄的理解，簡單概括別人的生命痕跡與思惟。

理所當然的模式，或許維繫著一個看似固定的型態，安全而穩定，可是在變動的生命長河裡，安定的必須是自心的掌握，而不是對外境、對他人的期待。安定的身心狀態下，就不會被晃動的外緣牽繫，而隨之搖擺，乃至於無常到來，也不會哀怨。即便別人不是用我們所期待的態度相對待，也不會患得患失，惶惶然失落、渴盼。

想起朋友說，佛弟子成天地說佛法就是清楚理解生命實相便是苦、空、無常、無我的奧意，卻偏偏最痛恨苦、空、無常與無我，一旦與這些境況交手，就哀怨地說：「業力啊！業報啊！果報現前啊！」卻忘記了，這才是最真實而需要清楚認識的真相，以及這才是最能從中親證自己能否安住的大功課。

知道一切都在因緣變化中，所以變動不會是苦惱的來源；知道一切都流轉而虛幻，便不會以慣性看待別人，或理所當然認定別人一定會給我們如花的微笑。好的因緣不是應該的，壞的境遇也不是不應該的，應不應該，根本也都是一種妄念而已。

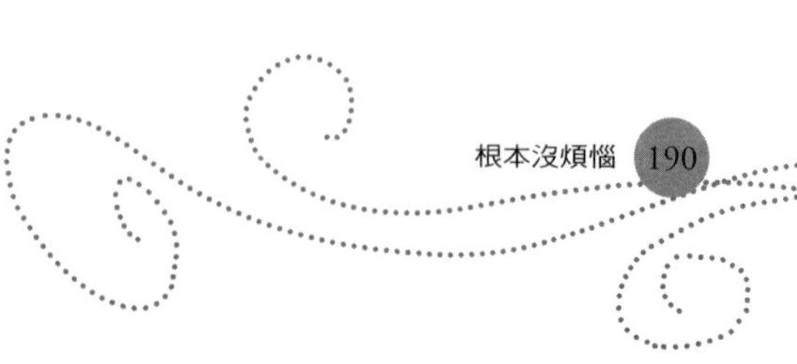

無愧

不在乎世間共同崇敬的法或人，以暴惡心為特質，造就惡行。
對現在或未來可能的罪果不生起怖畏感。
或者，私下做了不該做的事，
卻不覺愧對他人，或不想悔改，
而心生惱亂。

透視無愧煩惱

無愧煩惱與無慚煩惱是孿生子，一個不認同德行與賢善，一個不在乎世間共同敬重的法與人。無慚煩惱自以為是，無愧煩惱則有一股凶暴的氣質，對什麼都不害怕，什麼罪惡感、果報等等因果觀，都不在它考量的範圍。

既然不相信果報，當然也就不會對別人產生愧疚感，或對所做的錯誤生起悔改的念頭。

如果掉進了無慚、無愧兩個煩惱的陷阱，就彷彿掉入了罪惡的溫床，非常難以平安無事地脫困。

可是生命總有自己的警戒系統，一旦做了不該做的事，或傷害了別人，腦袋裡也會發出惱亂的訊號，讓自己無法真正心安理得。那時，就要聆聽、感受「慚」與「愧」這兩個提示系統的作用。

無愧煩惱

什麼都不怕的可怕

前些日子學校學生輔導中心透過公共電視所製播的系列影片，在輔導老師間進行了討論。其中有一個片子談到校園中的幫派問題，同事看到那些棍棒齊發的打鬥場面，多半不忍而掩面，從而想問的是：「是什麼原因讓這些孩子在拎著棍棒趕赴械鬥的場合，能那樣理直氣壯、無畏無懼？甚至對可能的傷害，抱持那樣無所謂的輕忽態度？」

影片的最後一段，是主角逃過生死一劫，卻只能拄著拐杖過著傷殘的下半輩子，遇到了曾經呼兄喊弟的舊日同夥，這位夥伴看著存活下來的主角，盛讚他極有勇氣，並力邀主角再加入另一夥兄弟，必然大有可為。主角搖搖頭，拄著拐杖默默離去，留下一個看似落寞卻彷彿有新生力道的背影。

每一個為人父母的，必然會經歷自己的孩子在初生嬰兒階段的純真、清淨，以致於在他們成長之後發生巨大的變動與失控，無法駕馭的莽撞、凶殘時，往往無法接受而罪責社會的混亂與學校的無能。

可是仔細想想，孩子可以從純淨到無愧、無畏的「什麼都不怕」，不也是一種學習、一種模仿，甚至一種複製？

我們都被教育也試圖教育我們的孩子能「仰不愧於天，俯不怍於地」，能以朗朗的乾坤心量，面對我們所遭遇的外在情境與人際往來。

可是人的欲望操控了生命的最基本要素時，我們就忘了，一點點的欲望會累積成龐大的作用力，一旦被名利、權勢的欲望所掌控，我們就可能失去那份本有的坦蕩。

慢心逐漸堆疊，認為自己的力量無人能擋，認為人是自然中最優秀的族群，進而發展成蠻橫的驕慢，認為自己最了不起，一切人當為自己所差遣；一切萬物、資源當為人所服務、享用。那麼，還有什麼好怖畏的？

莽撞江湖的人，不都是這樣從一件件小事的得意開始，逐漸妄想自己是身邊小團體的老大，然後逐步擴大勢力範圍，最終以為自己就是所有環境空間的主宰者。

一旦到了什麼都不怕的時候，對別人卻也恰恰轉成最可怕的威脅。因為既無懼於任何具體的懲處，也沒有無形或抽象的力量可以起威嚇作用：道德無力、鬼神撤退，當然更無所謂宇宙間的主宰者，或者生命輪迴、因果自負的法則可資參酌。於是什麼都敢做，倒是沒有任何人或旁的力量能予抵禦。

如果這樣的特質落在擁有權力的人身上，那種威脅就不只是個別而單獨的影響，對所有他勢力管轄範圍之內的人是傷害，對下一代是謬誤的示範，對資源是恐怖的吞噬，對生命價值種種更是腐蝕。

無愧煩惱的恐怖力量是人們所不願面對的，卻往往也是易於輕忽的，因為在最初，它只是一個欲望的起頭。如果覺察自己起心動念的心思不夠敏銳、細膩，而全心被那個看似小小的欲望所牽制，被種種合理化的藉口所豢養，又哪裡會發現，它最終會長成巨獸，連自己也被操控了呢？

朋友常笑我愛看美國影集「ＣＳＩ犯罪現場」的原因是教了「生死學」之

後，為了看那些屍體解剖的場面。其實真正吸引我注意的，是每回破案之後，犯罪者的犯案動機，往往闡述了當代社會那種普遍的「無愧」，諸如「我只是為了氣他搶了我的工作」、「為了保護我的身分地位、財產」，乃至於「我無法忍受自己的下一代不是純粹的白種人」等等，以及懊惱萬分的：「我並不想殺他（她）啊！」

所有造成無法彌補後果的最初動機，都是這樣難以逆料的「單純」，卻造成一發不可收拾的排山倒海的效應。

心靈處方箋

謙卑自省

大隨煩惱

掉舉

·

惛沉

·

不信

·

懈怠

·

放逸

·

失念

·

散亂

·

不正知

掉舉

對於自己的心念，或外境變化，無法維持寂靜、穩定。如果此種不安靜的心來自於憶念以往所發生的快樂，便是與貪相應的念頭。如果心念處於此種喧囂狀態，表現於外，便會躁動不安。

透視掉舉煩惱

掉舉煩惱總是坐立難安，最喜歡挑戰寂靜與穩定。如果你經常被外在情境的變化所擾動，如果你的心念很難維持安穩的狀態，大概就是掉舉煩惱在作用了。

思念過往的歡樂，回憶往事的愉悅，於是心裡起了波動，耽溺在一種跌宕起伏頻頻回顧的狀態，便是掉舉煩惱與貪煩惱聯手的傑作，讓人們貪著於過往，而又無法安定於當下。

掉在喧囂、浮動的心思下，如果沒留神，也不會覺得躁動有何不妥。人總會回憶，也總會被外境牽動，就算隨著外境或哭或笑，也是生命的體驗與享受。但如果時時都無法讓心寂靜下來，靈明的智慧便也很難發揮作用。隨境波動情緒潑灑之餘，不免生起空洞與失落。

忙碌中的悠閒

自從生活進入一種同時要做多方事務的週期性運轉，就頻頻有人問起：「這樣時時有不同事物插件的情況下，怎麼忙得過來？」

於是，不知道從什麼時候開始，每個打電話來問候的朋友說起：「妳好嗎？」答案總是：「喔！很好，不過很忙。」終於有一陣子了，朋友在電話的那頭彷彿聳聳肩地說：「聽起來很累，不過妳總是很忙啊！」

幾次三番下來，突然生起一種荒謬，其實如果這麼忙就是生活的常態的話，也就不忙了啊！如果是一個一天要做三件事的人，突然要他增加到六件，那一陣子肯定他會有一種忙碌的感覺。可是對一個天天要做六件事的人來說，六件就六件，已經習慣這樣的頻率與質量，當然也就不會也不應該有忙的感覺

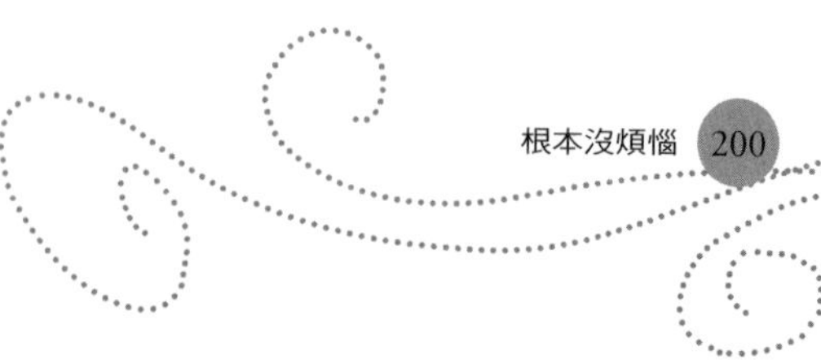

才是。

於是忽然鬆了口氣：「是呀！」對自己來說，這樣的一種生活基調，早已習以為常了，不應該還會有忙碌的感覺，差別只是，應該如何更有效率地處理這些已經安排在生活當中，而在有限的時間內就要完成的要求。

有一位朋友提到，在他最忙碌的那段時日，總是觀想自己如觀世音菩薩一樣有千手千眼，東邊來的事，經過心的運作與處理，從西邊就把它交了出去；左邊進來右邊出去，南邊來北邊去，如此這般，事情就不會塞車塞在自己的手上。一樣是忙碌，一樣要與身邊的人事互動，但就讓事情一一來一一去，了然而清楚，心也就不會慌張。

這樣一種心境，與那「沒有閒事掛心頭」的悠然，是沒什麼兩樣的。

甚至在別人的處理還沒有完成，事情還沒有排到自己手上時，仍可以有一種悠閒，有一些空檔，可以發發呆，或者計畫下一件事，說不定是把六件事變成八件，然後一樣輕鬆地拋出球，當然，不忘反身又對那回來的球給一記漂亮的迴手拍。

此外，我們出版社那同時手上有十幾條生產線的法師，也有一套獨門祕方，對於經常要轉換不同的事物，他總是形容那就像切換頻道，換一組工作，就要記得轉換頻道，轉台器要調得更精準，做這件事就不要去想還有哪一件沒做完，或下一件要如何如何安排。簡單地說，就是專注吧。一次專心做完一件事，然後完全放下，不再思前想後，游移不定。

每當多件事同時來叩門，就想起這兩個法子，忽焉，一天不知怎麼就過去了，當然，事情也一件一件脫手而去，它不會留連在你的手上，只要每一分鐘都專注。

心靈處方箋

專注於每一個當下

呼吸著禪的味道

第一次到日本的因緣來了，本來朋友相約跟著團去散散心，就去遊樂場吧！身心完全放鬆，不要再傷神。對我們這一代的近中年人來說，這好像也是彌補童年的好方法。可是想起美國、香港的遊樂場經驗，對從沒去過的日本來說，又好像有點不甘願。

正好喜歡帶學生到日本賞櫻花、參訪寺院，以及看楓樹的老師第三度邀約，六月到日本走走吧！雖然這個季節沒有繽紛絕美的櫻花、沒有豔麗到彷彿假的紅楓，也沒有雪景可以欣賞，可是，好像是一個可以暫別編輯檯的時機，半推半就地，就這樣在先生預測正好趕上日本梅雨季的當頭，決定就去看綠葉和梅雨囉！

沒想到老師卻說：「雨中的日本寺院最美。微雨的黃昏、微雨的樹梢、微雨的古寺院，最能感受日本的獨特味道。反而最豔麗就凋零，絕美就驀地謝了的決裂境界，只能看到一般人以為的日本。」

果然，在南禪寺塔頭金地院的方丈室，就因為一場微雨，呼吸到難以抽離的禪味。庭園其實極小，枯山水的白沙在雨中沒有造作的乾澀，潤潤地也在吸著雨水。雨從屋簷滴落在一排碎石頭上，滴滴答答，此起彼落，似乎節奏規律，卻又沒有章法。一夥人彷彿怕打擾了這場寂然的靜美，不知怎地，居然不約而同，全部悄悄地盤腿坐了起來。

雖然不到半小時的短短時間裡，每個人都彷彿坐出了心得。沒有人說話，卻都微微笑著，在這個寂然的方丈室裡。

很少旅行時，二十個同行的識或不識的團員，都這樣齊整地安靜著。老舊的木板訴說著歲月的刻痕，香的氣味凝聚著歷來祖師大德靜坐的氛圍，微雨中，卻有陽光斜斜地照射著，眼目中一種明亮。坐著的那一瞬間，有種不知身在何處的，心開意解。

於是，在這樣的心緒中，來到南禪寺聽松院吃湯豆腐就很理所當然了。一進聽松院的門，就是準提佛母。搭在水上的亭閣，原先竟是書院呢！盤腿坐在書院中，打開落地門，就是池塘，樹斜斜地彎在池邊，雨還是靜靜地落著，漣漪輕盪著，管它吃的是什麼，只要想像過往僧人們的生活，就好像掉入了時空的虛擬實境中。

老師說：「噓！安靜地感覺，什麼是禪意？用呼吸深深地體會，不必去想，喔！原來這樣的氣氛很像台北的什麼地方；或想著，下次要伴誰一起來？什麼過去、未來，什麼聯想都把它暫時擱下阻斷，就只是凝定地體會那一刻，無論聽到什麼、看到什麼，只是輕鬆而直截地呼吸著。」

原來，在下著微雨的日本，吃飯之前，禮佛，嗅著足下木板或榻榻米老老的氣味，然後呼吸潤潤的空氣。六月，沒有豔麗的花與楓葉，也可以呼吸到禪安住當下的生機呢！

掉舉煩惱

流沙中的救命竿子

想想以前對待妄想紛飛的態度，不禁啞然失笑。

因為妄念其實大都是自己期待或想像的境界，於是便陶醉其中，忘了那是妄念，還自編自導自演，讓妄念險險成為現實。有時一不小心成真，還會沾沾自喜，覺得想像力的作用真大。

有時妄念的內容是自己不想要的，於是妄念出現，就假裝是放下它，說：「丟掉囉！」就以為丟開了。

有時妄念的內容，是自己清醒理性時知道不該延續發展的錯誤關聯，於是用一種痛痛的感覺狠命地想要拋開。

這裡頭，有時是清楚的，有時是有意志力的成分的。可是卻缺乏默照禪法

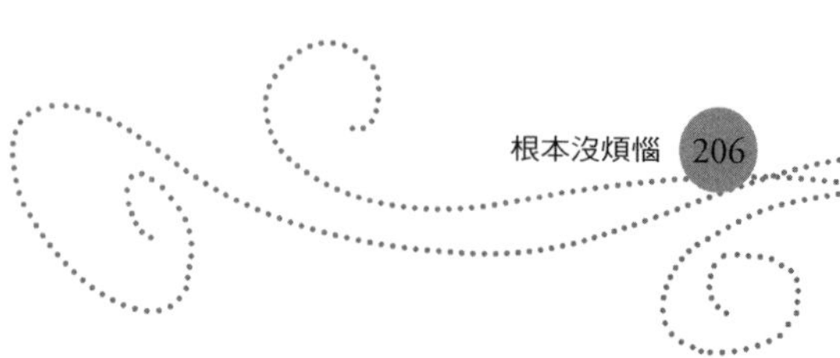

所謂的「清清楚楚地觀照覺知，但不動心」。

第一種妄念出現時，根本處於是動心得很的狀態，一邊為境所遷，一邊心隨著搖擺不定，有時還跟著妄念起舞。這時，既沒有用止的方法達到默的程度來安住身心，更沒有照來清晰地讓心念澄清。

第二種出現時，強迫自己用默的方法，逼自己放下、遮止，但沒有照，只是用止來逃避自己的混亂。

第三種出現時，看似有照，有清晰的覺知，但心不見得止得下來，也還是隨境動搖，難以安住。光是想要憑藉一時的清楚心念，就想觀出個離脫煩惱的結果，只是花了大力氣也沒有好效果。

看到聖嚴師父講默照禪，才發現要完整地運用默照雙運，才能體會出這個方法的妙處，原來不是只靠默來定心就可以。如果只是定在那裡，有時根本就是昏沉而發呆的，還坐得舒舒服服，把蒲團當逍遙所；也不是在不定的心思中妄想靠觀照的方法就可以把問題、把妄念想清楚、觀明白的。心還被外境的紛擾影響得起伏不定時，哪裡能把事情觀得清楚？

雖然要掌握止觀雙運、默照同時的妙用，不但是很難的功課，也不是從字面上、語言的分析中就可以用上手，但只是這樣一遍遍地觀念釐清，甚至只從拿來印證自己對待妄念的幾種笨方法中，就已經找到了用功的下手處，還真該對這個法門致上無上敬意呢！

修行真是簡單，因為時時可以在祖師大德們的方法中找到下手處，這是身為後輩小子的我們多大的福報呢！可是修行又多麼地艱苦，因為每一步、每一腳印，都沒有僥倖，都沒有投機之處，踩得多深多淺，誰也幫不了忙。

被妄念流轉牽繫時，彷彿身陷流沙中，方法就是支撐、拉拔我們出來的救命竿子；可是要不要再陷入流沙群中，可不是憑藉幾支竿子就過得去的。找到自己此刻當下用得順手的竿子了嗎？結結實實拿來練練身手吧！

心念的拆解與重組

小時候最喜歡當媽媽的架子。用機器打毛衣是媽媽的工作，用手一針針打出漂亮的衣服，則是媽媽對我們額外的獎賞。手法純熟的她，俐落間便是一件花樣別致的新衣裳。

那時，當她的架子是我每日最常上演的工作。除了穿上打好的毛衣讓她瞧瞧效果之外，一落落洗好、煮好的毛線團得一顆顆捲好，才能擺到機器上用。捲毛線是一件很累人的事兒，可是只扮演架子，兩手撐開讓線套在手上的工作就輕鬆多了，還能趁機跟媽媽說話兒，很難體會另一端捲線的人會有多累。

可是經過了這個過程，無論是機器還是手工，毛線就不再只是線，而組成了一件件有領有袖、有花樣、有型有款的衣裳。

後來常常發現，自己對半成品，或者對材料都有一種親切感，任何複雜的線索來到手上，一點也不嫌麻煩、不覺無聊，總能耐著性子一絲一縷、抽絲剝繭地找出端倪，然後把它們組合成有用的東西。讀書的時候，好像也是透過這樣的方法咀嚼書上傳遞的訊息，尤其是那些認為對生命一點滋養成分也沒有的功課，只好把它們當材料來拆著玩。

後來，發現原來心念也可以這樣拆解，然後重組。煩躁的時候，把心定下來，然後仔細地觀，究竟煩惱的起源是什麼？煩惱的因緣即便紛擾雜紊，經過沉澱之後，理出線索，便不再造成情緒的波動，而就只是一些材料而已。

想把這些材料組合成有用的東西，首先得把負面的、會障礙、會干擾的雜妄部分理出頭緒，放在待處理的位置等待下一步的拆解。正面的、可以組合成有用的資料，便放在準備進行的工作堆裡，以便運用重組的動作，讓它們在生命的因緣中發揮最大的效益。

拆解的過程中，逐漸也會發現，其實所謂的負面情緒、雜念妄想，只是投射了身心的期待與某些被自己深刻隱藏，而遲早得去面對處理的問題。於是浮上檯面的東西就有了曝曬陽光，得以消解的機會。

在這個拆解與重組的過程之間，心念清晰而分明，心的覺受也澄朗如日。原先的情緒與煩躁呢？早就失去了它們在你心頭扭動的舞台。壞的東西不一定要消滅，透過拆解、重組，也可以轉換出新樣子。就像廢棄物回收、舊衣新花樣、舊書換人看看等等生活因緣的轉化一樣吧！

當然，在拆解的過程中，先備妥安定的心絕對重要，如果不能止下紛擾，一旦事物被拆解到十分微細時，那些線團可不會放過你，纏纏繞繞之間，會把人捲到窒息。一樣的，如果心思不夠穩定，重組的過程也會東掉一根鏍絲釘，西少一顆釦子呢！

景氣不好，透過ＤＩＹ可以省下不少開銷，而誰說心靈不能透過ＤＩＹ找到更好的出路呢？

體檢掉舉煩惱

你常常在洗心情的三溫暖嗎？

那種一會兒高興、一會兒悲傷，

但是一會兒又變成氣憤的滋味如何？

你如何面對反覆無常的心情變化？

惛沉

對於面對、遭遇的事物無法承擔。例如無法以清醒的狀態學習或面對問題，而渾渾噩噩。如在禪修中，便無法產生輕安，也會障礙清淨智慧的覺知。

透視惛沉煩惱

惛沉煩惱就像一隻沒骨頭的怪獸，看起來鬆垮垮、昏昏欲睡，彷彿時時都在冬眠。

它最大的作用，便是讓人常常沒精打彩，睡眼惺忪，遇到工作或任務，就有一種無能為力的潰散與頹廢。腦子不清楚，便渾渾噩噩；身子骨撐不住，好似承擔不了任何事。世界彷彿靜止，卻其實是荒蕪。

讀書就打呵欠，工作就懶洋洋，禪修時，更經常處於昏睡狀態。這樣的惛沉最會障礙清醒的覺察與觀照。以為坐得很安定，其實早已神遊太虛，心不在焉了。

惛沉主要是被「癡煩惱」所支使，所以只要能夠努力突破癡煩惱的作用，就再也不會惛沉了！

凋零與鮮翠

辦公室外有一個好大的露台，可惜上面空蕩蕩的，只有風雨來時，有漣漪圈圈顯得熱鬧；或小鳥路過，會在上面停駐一會兒。為了不浪費掉這麼好的空間，大家去募了些盆栽來。

有一株小樹，長得卻有大樹的風範，於是就先放進屋子裡陪我們看稿子、寫企畫、編書，豈料才過了一陣子，葉片居然開始稀稀落落起來，怕是陽光得的不夠，或者空氣也不夠鮮美，於是有人提議把它擱到外頭去。

不料六樓露台春天刮起風來大得可怕，幾天工夫，葉子只餘一二，樹幹也沒精打彩地在風裡滄桑起來。

然後，大家工作一忙，不經心地，這株原被期待的小樹就被忽略了。直到有人把它給端進屋裡，並找了個角落安置它，才給了它重生的機會。

孰料才幾天工夫，嫩綠的葉子鋪滿樹身，新鮮欲滴的綠，讓人錯覺又是另外募來的一盆。那樹的鮮翠與生氣盎然，讓人經過時彷彿也聞到新鮮的氣息。

於是這看似無情的花草，就結結實實給自己一個思量的功課。想想自己真是幸福得可以了，生活在關渡平原上，就像這株擱在好環境裡的盆栽，天氣好的時候，出去曬曬太陽，呼吸新鮮空氣；刮起大風，也有地方可以歇腳。而那些都市裡的路樹，卻只有不時吸著車流中排出的油煙與灰塵，雖然本是佳人，卻日復一日逐漸灰撲撲而面目模糊。

只是人比植物強些，環境不好，樹動彈不得，人卻有選擇權；雖一時置身水泥叢林中，仍有選擇到郊區工作的機會；或想辦法把家搬到鄉下，說不定生活機能反而開闊。再不然，萬不得已非為五斗米折腰時，也可以學習安自己的身心，不讓灰塵與人際間的雜亂無章、互相傷害與諸種挫敗等不利的外緣糊掉了生命的面目。甚至最等而下之，還可以戴起口罩，少呼吸一口濁氣。

可是那活在都會汙染傷害中的行道樹，再美也因為蒙上灰塵少了秀麗或昂揚。只是不知道那諸多抱怨生活中的種種不得已，以及生命中的憂鬱陰沉的朋友們，是不是願意先停止灰暗，並試著找出烏雲中的裂縫缺口，因為只要陽光透得過去，只要一小條裂縫，就夠陽光揮灑了。

記得有一回從法鼓山沿著淡金公路蜿蜒回台北，車子在海岸邊繞著彎子時，驀然發現遠處海面上有一片金黃色的光，正穿透過一片片濃濃的雲翳，在海面上鏤刻出金碧閃爍的光影。只見一個視野遼闊到毫無遮掩的海面上，只有那一個缺口下的海平面璀璨晶瑩。

想想，要不要讓生活留一塊足以讓陽光穿透的開放空間，真的由己不靠人。又是鮮翠嫩芽開始不斷找空間抽長的春天，如果身心狀態已經久未洗滌，是不是也該移步，轉換一下時間、空間。畢竟活著不是也不要像那些不得不杵在都會中的行道樹，要不披掛起夜間閃爍不停的霓虹小燈；要不吞吐著都市的濛濛塵埃，活得疲累而無奈。

惛沉煩惱

冷水泡石頭

同樣一件事做久了，同樣的作息固定太久了，如果沒有時時提起初發的念頭，時時問自己為什麼做這件事？做這些事的意義為何？便可能不小心落入理所當然與慣性當中，而墮入一種禪修過程中經常發生的「冷水泡石頭」現象。

泡在水中，看起來晶瑩剔透，可是石頭就是石頭，泡得再久，也還是石頭。如果心變成石頭那樣麻木，便常常會停駐在一個看似妥當，其實已經失去初衷的怠惰情境中了。

能夠擁有固定的作息、置身固定的環境中，每天可以進行固定的功課，毋寧說是極為幸運的。只是如何在這樣的福分中，不讓自己因為擁有清福，而使得福分變成修行的障礙，可就得靠時時提起清醒的心念了。因為一旦順心如意，很容易就會忘了原來清福也是虛妄，忘了原來最初還是希望離脫的。

苦的流轉中，確實比較容易生起出離心，而置身福中，要不就是輕忽了福分的難得，於是輕忽中隨意揮灑，等到發現耗用殆盡了，才開始哀怨；要不就是掉在其中，享用福分而忘了福分中的我們，終究也是過客罷了。想起佛經裡說的「天人五衰」，難道一定要等到安逸過後的困頓，才會知道這一切其實都很虛妄嗎？

所以清醒的心是如此重要，尤其一不小心陷入懶散的舒緩時，還知道提起心力，才會真正精進往前吧！

朋友便說，有時享著清福，也會變成修行的障礙。沒有一般人汲汲營營苦惱的名利、權位等的執著與苦惱，而落於一種閒適清淡的喜悅中，生命會形成另一種停滯與困頓。雖然清福有時候因為恬淡與安然，會讓人誤以為那是一種自在，其實深一層思量，也會眷戀與不捨，而只要一分不捨，就又是一種牽絆與糾纏了。

除了清福容易讓人在不經意中耽溺、疲憊與自我放棄，也會讓人產生錯覺，以為是放下一切，是在不計較、不執著中擁有安然自在的清淡。然而一旦誠實地挖開這層看似瀟灑的放棄，探探裡頭的心思，如果從中嚐到一丁點兒苦澀與挫敗，就要真正去釐清，到底這樣的看似灑脫是真的放下，還是只是因為無可奈何，於是逃避生命中的難解課題，乾脆埋首沙堆中，久了，還以為自己境界提昇了。

生命中的功課如影隨形，時時變換著面貌自欺欺人，或者形似玩笑，或者假扮容顏，如果沒有真正探測心的變換與把戲，確實不容易看清自己潛意識裝扮的假象。

溽暑中冷水泡石頭很清涼，寒冬裡冷水泡石頭容易麻木，這個把戲不容易拆穿，真是得步步為營才不會被騙了呢！

體檢惛沉煩惱

你覺得懶洋洋和放鬆是一樣的嗎？
工作時會有一長段時間渾渾噩噩，
覺得提不起精神的狀態嗎？
那是什麼感覺？
會不會讓你感到煩惱？

不信

如果心不清淨，便無法對如實德能產生歡喜、欲求心，此即為不信。

透視不信煩惱

不信煩惱是一隻猶疑的怪獸，每每遇到重要時刻，就陷入一種含糊的狀態：到底要不要相信那樣是好的？這樣好像也不錯？本來如明鏡般的一潭水，就被攪和得一片混濁。

它最大的威力，是當你對如實的德能起了一種「有為者亦若是」的相應心境時，不信煩惱就會跑來破壞你的清楚靈明，讓你無法起歡喜心，無法起追隨、學習的動機。讀了經典雀躍不已，生出「歡喜信受」的積極態度時，就是不信煩惱最愛挑戰的目標。

只要不信煩惱來了，先把積極的動機萎頓了，因混濁而不清淨的心也會讓思惟茫然無著。然後，就像一種傳染病菌，這種遲疑、不信的焦慮與不清淨，也會干擾到周遭的人，如果他們也沒有堅定的信念，就大家一起匯聚成更大的濁水。

不信煩惱

種籽的故事

雖然沒有一個花園，可是卻喜歡在盆子裡胡亂種些東西。

最初開始於一種叫作鱷梨的果子，嗜吃它的清香，一次旅美期間，從親戚家的院子摘了幾顆回來，吃完後捨不得扔，明知兩地天候如是迥異，抱著好玩的心還是把它們扔到盆子裡。

沒想到亞熱帶的台灣居然給長出小樹苗來，還一長長了四株，小小的盆子供不起它們儼然大樹的身影，有的送到有院子人家，陽台上則仍窩著兩三盆不捨得送出去，想看看：「然後呢？會變成怎樣……」

後來種出癮來，不管吃什麼，只要種籽長得可愛，就給它扔幾粒到陽台。最可笑而可怪的是榴槤，長了顆迷你的熱帶身影，為陽台添了些許姿態。至於

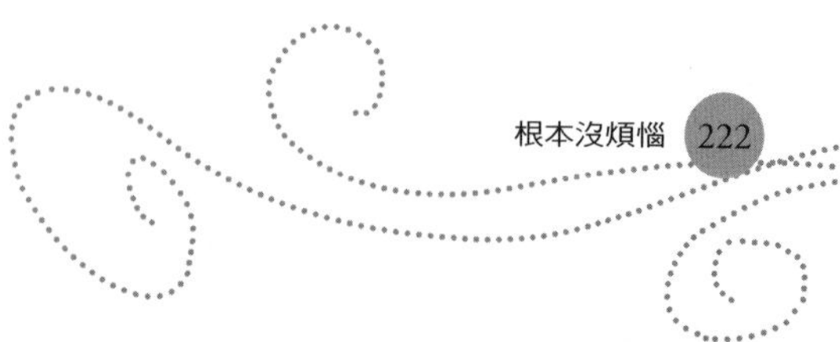

新近流行的柚子、檸檬，也綠油油地長滿一盆盆，叫人詫見樹們從小小種籽中煥發的昂揚生命力。

但最讓人思量的，應該是那同時買來、同時種下的綠色果子，到現在也沒弄清楚該怎麼稱呼它們，賣的人是學校園遊會裡的孩子，好玩給取了什麼綠寶石之類的暱稱。

一起擱在美美的盆子以後，足足住了半年才開始發芽，但詭異的是，一株已長出小樹苗的身量了，另一盆還悶悶地只冒個小芽。待小樹快要變大樹，也移植到大盆子裡去，小芽兒居然像雙胞胎一樣開始同時發出兩枝細芽來。一樣的品種、同時栽入、沒有誰比誰多些陽光空氣或水，我的殷切期望與囉唆長與不長也一樣叨念在它們耳邊，可是出來的枝枒卻兄弟姊妹年齡差很多。

佛教喜歡用種子作比喻，說什麼都會種在八識田裡變種子，然後慢慢等待因緣成熟而發芽。有時候看起來種下去的東西是一樣的，但其實種進去的種子相信因人而異。於是當法師常說，小心種下去的東西時，這兩株綠寶石的故事就一再地在心頭發芽了。

有時朋友間總會輾轉傳來某些消息，以為聽聽也就罷了，其實不小心也是很危險的，不知覺中，如果接收訊息的那一刻，身心尚未準備妥當，六根還沒有收攝好，難保資訊進入不會變成雜音或者劣食。對生命的滋潤而言，所有的東西都是食物，然而要讓這些食物長養我們的菩提心、出離心或是戀戀雜染的心，有時並不是那麼容易控制的。

雜音很多的這個時代，似乎更應謹慎靠過來的「食物」，因為一進到八識田裡，不但丟也丟不掉，還可能野草更易蔓延。這時應該力求謹慎的莊重，應該就像經論裡說的，對自己而言，要能「堪忍他人所逼惱」，而自己也得小心「不要逼惱他人」吧！

心靈處方箋

以謹慎的態度對待心念的接收與傳送

懈怠

對於可以修善、斷惡之事，生起怠惰心，障礙精進，增加雜染。

透視懈怠煩惱

如果對無意義之事，對會生起煩惱之事，產生策勵、勤勉的態度，也是一種懈怠。因為攀附於無意義之事，便會減損對善法的增長。

懈怠煩惱是一隻喜歡縱容的敗德怪獸。只要人們發現了好的修持方法，足以阻斷罪惡與錯誤，而準備好好用功時，它便來搗蛋，讓你猶豫，然後放棄。但別以為懈怠煩惱只是破壞，它也會建設，偏偏它建設的，是一條浪費生命氣力的途徑。它會推薦你一些滋生煩惱的怪毛病，一些沒有意義與效果的方法，讓你傻呼呼地拚命練習，最好能延誤心的安定與智慧增長的訓練。

於是你一邊耽誤了去做對的事，一邊又積極於從事錯誤的方向，生命這樣拉扯，終究只好落入困境，難以超越。

而清醒不受誘惑、干擾，以進行真正的「精進」，便是對付懈怠的最佳武器。

執事榜單下的對話

關於工作，可以有不同的態度，但那年在執事榜單下的一席討論，卻無聲無息地改變了自己，只是一直到了今次又貼出榜單，才回過頭來咀嚼再三。

記得初到農禪寺，馬上得了個「好奇寶寶」的綽號。每日盯著法師們認人、背名字，不但背法師的「外號」，還要追問人家的「內號」，只因讚歎師父的法名取得精彩，怕忘記還特地找了個本子巨細靡遺地記了下來。

連法師的名字都這麼吸引我了，法師們的執事，也就是寺裡派給他們的任務，更讓我追根究底問個不停，問之不足，還查資料，想知道何謂「悅眾」？什麼又是「維那」？「香燈」？「典座」？想想看，紅塵中有這麼一些人不但穿著古裝長衫，連工作的名字都古雅到驚人的地步，不很值得人研究研究嗎？

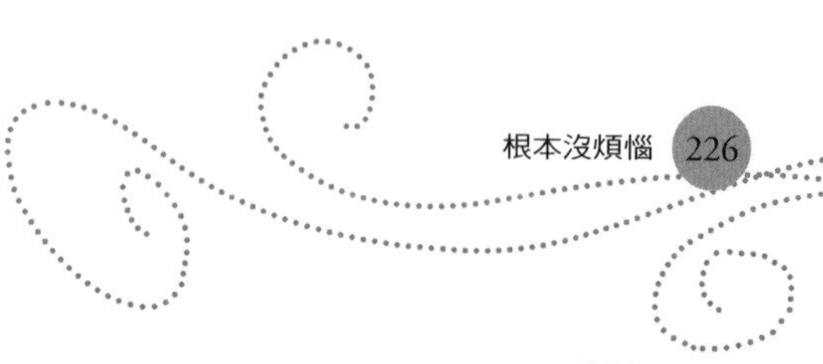

不過好奇過後，更讓人疑惑的，該是現代工作職場上那套「適才適性」原則的被挑戰了。記得法師曾告訴我，未接任編輯工作前，對編輯完全沒概念，只為一句話，就承擔起未曾嘗試，也無所謂喜不喜歡的工作，那句話很普通，可是仔細想想，簡直驚為天人般，可以沉吟許久：「會的就去做，不會的就學。」

那時尚未出家的夥伴說：「哎呀呀！真可怕，出家以後連做什麼都不能自己選，萬一不喜歡也不能拒絕。」出家後的他卻說：「在一個能選擇的環境下挑自己喜歡、有成就感、有趣味或簡易舒適的工作，太容易了，但人也會就此停頓下來；可是，當面對一個只有接受、無論其他的工作時，生命才能在挑戰中淬鍊光華。」

尋常我們總是好逸惡勞的，能在寬敞、明亮、氣派或舒適的環境工作，或是能挑到「錢多事少離家近」的工作，大概都會被視為聰明的好命人吧；反之，簡直笨或可憐到無以形容。所以紅塵中打過滾的人，一定會被那張紅色的執事榜單驚嚇到。

只是隨著一年年換過不同的執事，人也有了不同的心情，彷彿也看出了不同的端倪。

從一開始「嘎！叫你做什麼就做什麼，沒有選擇餘地，不是太不自由了？」到「真好，可以嘗試不同的事務，不但磨鍊自己，也能探探自己的潛力有多深廣。」乃至於到「只要眾生需要，沒有什麼自己喜不喜歡的，做眾生需要的事，就是一種歡喜。」能否選擇，就漸漸淡出自己的思考習慣了。

也終於，有一點點體會那種「大家一起成就」的深長意味了。這一兩年沒再急急忙忙衝回去看榜單，但執事榜單的故事，卻在記憶中餘韻裊裊。原來，不見得要有所謂的選擇權，才能讓工作融入自己的生命中。以前那些「選擇自己所愛，或愛自己所選擇」的辯證，也慢慢有了戲論的味道。

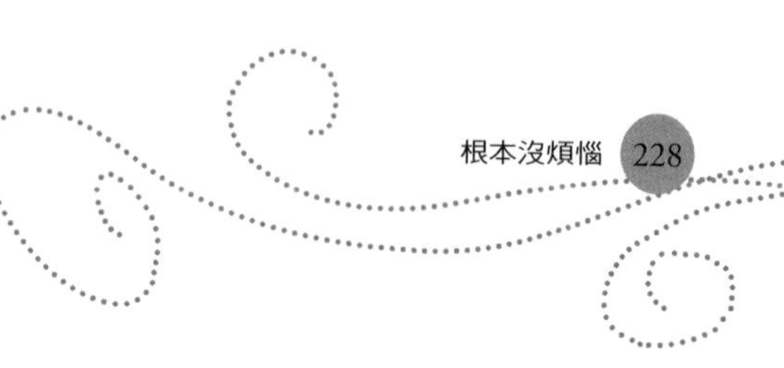

懈怠煩惱

鬆緊與濃淡之間

生活中的空白變大塊了，很多人以為這樣的日子一定過得很輕鬆。但知道的朋友卻擔心地說：「如果一個不小心，花日子就會比花錢如流水更慘，因為收支明細無法具象化，東與朋友喝盞茶，西往街邊稍遛達，再接幾通電話，往往就從日出忽焉迎接落日了。萬一連落日觀都還來不及修，放眼天際就昏朦朦了。」

聽完好不心驚。

以前時間都被切割好一塊塊，雖然自由難以享得，甚至綁手綁腳，有時一天會議排下來，連茶都來不及換，同事已經走光了。可是那樣的時序，至少可以從日程表中知道每天忙些什麼。

很多SOHO族最終回到人群，倒不是不甘寂寞，而是不知道怎麼著，年歲老大了，卻不知道那些時間怎麼流逝的。畢竟，大部分時候，人總是惰性、習氣帶著跑，身心要主動地做大轉換時，若不小心看著自己的習氣與慣性，實在很容易就隨著轉開了。

可是，那種隨著大家的作息，日出而作、日入而息的生活，如果心力沒有專注提起，往往也就鬆垮垮地一日復一日地過了。開一整天會的當頭，恐怕專注的時間不到一盞茶，昏沉與百無聊賴總也悄悄偷襲著倦怠的身心。

而一個人安排自己作息的日子，如果能小心翼翼地盯著自己，隨時提起隨時觀照，那種身心的密度更高，日子也會過得更起勁吧！

以前工作即使沒有排得滿溢出來，卻往往隨時有人拿著各式各樣的公文要討論，或者有時候就只是一些文書的協調，甚至突然來到的訪客，也會把好不容易專注於稿件的心思打散；於是常常一大堆需要改的稿子會在一個安靜的週末午後輕易就完成了，因為彼時所有的人與事與聲音都消退了，時間過得飛快，事情也能飛快完成。

而今必須讓自己的身心隨時維持在高密度的狀態中，不能一週只靠一兩個安靜的週末午後，於是心力更不能鬆懈，才逐漸體會鬆緊要協調是多麼不易。看似空白無擾的日子，卻因為無擾而顯得更不容易自我控制；可是又不能控得太緊，否則三兩下就疲乏無力了。

修行更是如此吧！精進修行是沒有假期的，可是沒有人會盯著你，也可以隨心所欲，畢竟進度靠自己張羅。想起藏傳佛教的閉關，有一種是三年三個月又三天；也有所謂依功課進度進行，什麼時候完成進度，就什麼時候出關；但最難也最能成就的，卻是所謂的生死關，沒有達成某一種預定的成果，就不讓自己出關。人也是要這樣，才能逼出什麼來的嗎？

心靈處方箋

養成良好的自治能力

閱讀的色彩經驗

最近為了閱讀一些荒廢已久、難以一眼看透的書，特地準備了五顏六色的彩色鉛筆，一邊讀著一邊畫著。女兒檢閱了已經讀過的書，看著上頭貼著密密麻麻的貼紙，塗著難以辨識的符號與色彩，忍不住問我，究竟是在讀書還是在畫畫？

看著書被我塗成如此美麗而繽紛，我得意地告訴她，是看書也是畫圖。不同的顏色區塊，就像在腦袋瓜裡區分出不同的位置，把不同的領略安放在各自能體解的領域內。這也像是電腦桌面上的配置吧！不同的檔案，如果沒有規畫好，如何在需要的時刻順利找出想要的資訊？

一個朋友最近翻譯了暢銷到驚人的《哈利波特》，很多人對她的用詞非常

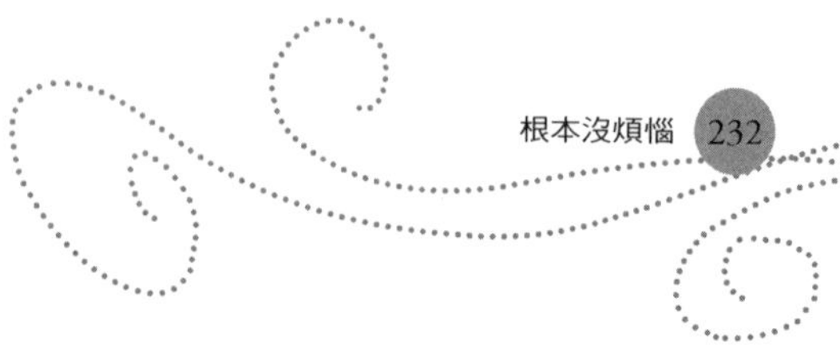

好奇。我們討論了許久，也看到她工作時如何為一個詞煞費思量。她先生也出了許多暢銷繪本，每回看他工作時對著一個圖塊反覆而仔細的描繪、安置，就覺得閱讀時多花一些心思，也是對作者的無上尊重吧。

而閱讀佛法的書，如此反覆思量而細細歸檔、著色，也才能再三咀嚼出其中的滋味。

記得第一次讀聖嚴師父的書，是為了寫專題，囫圇吞棗般地，大塊大塊地鋪陳在文章中，只覺得師父的文字真好，不管寫哪個主題都很好用。許多書在緊急要用的時候只能用掃瞄的方式，雖也抓出了重點，好像也看出了一點端倪，但是用過即忘，很少被複製在腦袋裡。

後來再讀，是為了遭逢生活中的種種苦悶或心思的困窘、修行上的障礙，師父的書好像甘露，每一滴流過腦裡，都甘醇甜美；心思擾亂也一次次透過閱讀，輕輕熨平妥貼。可是那樣的閱讀，也在煩惱過後，就隨之一起消退。

最近的閱讀，是為了深入的整理，突然發現這些書一本比一本陌生。讀過的痕跡輕輕淡淡，即使曾經畫著重重的線，喚起一點當時讀過的記憶與因緣，終究仍如第一遍發現的寶藏，涓滴都無法輕易釋手。有時讀著讀著，本來是為了某一個課題而做記號，卻會停駐在另外一些不在當時思索範圍的位置，彷彿腦中的程式被安靜地修改著。

終於懂得自己為何需要準備那麼多顏色的彩筆了，寫論文用的，是鮮明的紅色；突如其來的點醒，用一個鬆脫困境的藍色吧；對法的一些領略，像是綠色的舒緩；對人對事的重新思惟，澄色不錯，像是陽光注入身心，明亮而開闊。各種顏色像是閱讀的註記，每一本都有不同的心得。

這樣的閱讀，進度自然受阻，但是深深地鏤刻出微細而精準的線條，其實大概也是一生難得的經驗與福報吧。所以，就讓閱讀繼續像繡花一樣絲絲縷縷地雕刻，讓心、讓腦袋瓜重新藉機修補，也是面對紛亂而快速的世間變化，一個奇特的對應之道吧！

放逸

對雜染、無益事，無法防止、控制；對清淨法，也不能生起修治之心，而放縱自己於一種流蕩的生命狀態。此煩惱主要來自懈怠與貪、瞋、癡。

透視放逸煩惱

放逸煩惱是一隻流蕩的怪獸，讓生命在漂流中無端端地耗費、磨損。它是懈怠煩惱的雙胞胎，指揮系統來自貪、瞋、癡三隻煩惱獸。

無益的玩樂與生活，總是帶有一股迷人的魅力，吸引人們靠近，放逸煩惱對此有一股推進作用，不但不防止、控制，還會推你一把。對於清淨的法，也不會生起積極修治的念頭。

面對現實需要勇氣，逃避卻容易把一切矇騙過去，彷彿可以因此不必承擔人生的責任。

雖然明知這是一種隨波逐流的效逸生活態度，生命也會如短暫的光陰般輕易耗盡，但沒有方向感的漂蕩，卻讓人可以逃躲。只是，明明可以往前走的穩當，何苦只讓自己剩下漂流的能力？

回到最初的狀態

每一家餐廳剛開幕的時候，對待客人都好溫柔有禮，只要有人踏進店裡，心裡都感動又高興的不得了，能有人來讓自己服務，是一件多有趣的事兒。等到店開到熟了，客人多了起來，看到有人進店裡來，當然還是開心，至少今天的水電費有了著落，有工作也還不錯。可是，每天做同樣的事，實在很膩；每天跟一樣的同事相處，實在也有點煩。如果累了，還要上上下下張羅，那更是令人乏累到笑不出來。

然後，自己對工作熟了，萬一客人很笨，或者囉唆難纏些，臉色也就愈發不可人了。那時，初開店或剛找到這份工作的好興致都不知到哪兒去了？最初的那一點新鮮而理想化的用心，隨著日復一日重來又重來，給消磨得只剩什麼時候可以下班回家休息一個念頭了。

老朋友打電話來，談的都是那些陳年老話題，抱怨生活也好，發發牢騷也罷，即使講點有趣的笑話或故事，總是因為習慣了這樣的互動模式，他才說了個頭，你就在心裡幫他把故事結了尾，暗自想著：「看吧！我就知道。」

身邊人、身邊事，都變成這樣無趣乏味了嗎？那就找找新朋友，試試新工作吧！如果同一家餐廳的菜也吃膩了，大不了就換家新菜色。

如果這樣，永遠也捕捉不到生命時時新鮮的感動；如果一定要換對象、換情境、換環境才能永保新鮮，那滿園的花也禁不起花瓶裡換花的速度吧！

什麼時候開始，我們都把身邊人、身邊事看老、想老了呢？熟稔的好處是相處可以不假思索、不怕說錯話或不耐煩的態度會傷害朋友，可是，其實早傷害了呢！傷害了自己最初的那份真心，傷害了彼此互動中的那一點純真。

小孩子買了新玩具，總是開心地抱著它們入眠；有個朋友在孩子很小的時候，每隔一段時間，就把玩具用禮盒、漂亮的包裝紙包妥，藏在櫃子裡。一段時間，再拿出來給孩子看「新」玩具。這樣的把戲，還玩了幾年。小朋友好一段時間經常陶醉在擁有漂亮新玩具的心情中。

其實，試試看，也可以用這套把戲來對待身邊人、身邊事。每天都碰面的同事，找找他們哪些自己不曾發現的特質，重新看待熟悉卻意興闌珊，或熟悉卻也開始不耐的情緒，說不定，會發現常常我們的熟稔卻是誤會一場。

久久沒看的書，不同的心境與時空下，體會的必然不同；一段時間沒走過的路，重新去瞧瞧，也會發現不同的變化與新天地。人雖天天相會，其實，也還有很多值得換個角度來看待，就當作交了一個新朋友吧！工作，就當作第一天上班吧！

修行的方法，每一次使用都當作第一次聽聞、練習；生命，每一天都當作重新探觸，就會因為是第一次接觸而誠惶誠恐，而更專注、更深刻地體驗每一個細節與覺受。把心練得細膩而敏銳，再重新出發，會發現，原來自己的眼耳鼻舌身，透過心的變化，感受到的世界就滋味大不同了。

失念

對於外在情境所發生的一切事，
對於內心的感受與思惟，
無法清楚明白、記取之。
主要來自於心的散亂。

透視失念煩惱

失念煩惱最喜歡找心緒怔忡的人下手。

如果你的心思繁複，思慮多而雜，偏偏又沒有自我整理思緒的習慣，每當與外境接觸，彷彿陷入難解的習題中，落入散亂，一團團的思緒散在腦子裡；一條條的煩惱絲亂成一片，時而高興，時而悲傷，只知道情緒被牽動，卻無法弄清楚什麼事情會帶給你什麼感受。只要有了以上這些情況，那麼你就很可能會成為失念煩惱的獵物。

你會在空閒時就發呆做白日夢，即便在忙，也會偶爾陷入一片空白，那是因為散亂佔據你的腦子，所以失念就隨之作用。它讓你無法明明白白地分辨感受，也無法清清楚楚理解自己的想法。於是，說出來的話顛三倒四，連表達最簡單的事物都有困難，即使剛發生的事也會記不住。

失念煩惱

笨拙生疏的一念真心

嫻熟對很多事情來說，是很重要的。流行的編織幸運帶，常覺得那對迷於其中的年輕人而言，也是一種很好的心性訓練。不斷重複的動作，看起來就像一部活動的編織機，手與線穿梭來去，要很穩定、平均，也不容許以散漫的心對待，否則只要一次的穿梭弄錯，不免成為瑕疵。

繡花、打毛線好像也都是如此，非得專注以及嫻熟不可。所以說許多事情沒有笨的人，只有懶的人才會達不到目標。當然，還有沒有耐心的人。

而這些看似不斷重複的無聊事，從事者之所以願意耐下心一步步堅持與專注地從事，最主要的就是對這些事有一股熱情吧！於是，強烈的動機加上專注，以及不斷重複並因而嫻熟的技巧，美麗的成果就出現了。

禪坐也是這樣吧！如果不是一次次的重複與練習，是很難讓心真的安定下來的。如果久久才來一坐，每次光要讓自己突破不耐煩與腿痛的苦惱就已經花掉許多的時間與心力，更遑論讓心平和穩定，讓身體習於那種與平日極不相同的姿勢了。

而閱讀，更需要這樣的下工夫。尤其對閱讀一些原本陌生的領域，或枯躁的內容，如果不想法子讓自己一遍遍地熟悉，從單一課題的深入，配合完整領域整體概念的擴充，閱讀就會變得非常吃力。

第一遍讀來，充滿陌生的符號，只有兩種可能：要不，就掩卷歎息把書放到一邊去；要不，就換個心態，怎麼不是事事都有生趣嗎？如何在茫然與艱苦中找到閱讀的樂趣呢？即便是陌生而難以理解的文字符號，都有可能讀出意思來的。作者執筆為文的那一刻，想的必是與人與事的內在溝通，而非孤絕地開出一朵少人能解的花吧！

於是當克服了生疏的難熬之後，閱讀才會有開闊的通路可以激發更大的動力深入其中。

但是，生疏其實也是最容易引發專注的時機。因為生疏，對待的態度就會更謹慎、更用心力，不斷咀嚼之間，也才能深邃刻在心上。

而熟悉之後，因為輕易了，就不容易激起初發時的熱情了。所以佛教也說，初發心易起，長遠心難持。

除了得到美麗的絲帶，或產生成就感的擁有自己手編的衣物，這樣的動機之外，多的是不耐一針針一線線穿梭其間，而在十分嫻熟技巧之後就將之束諸高閣了。

打坐如果只是習慣性地坐著坐著，閱讀只是翻閱著愈來愈熟悉的內容，乃至於修行只是重複著一些標準動作，而不在心裡隨時復習著初發時的那一念真切，嫻熟所成就的，也只不過就是技巧罷了。學習最動人的，應該也就是初初開端的那份笨拙而仍用心吧！

心念的遮障

記得朋友確認了出家的路時，曾說當時無論看什麼書、聽別人說什麼話，都清楚地導引著自己終究出家是最合宜的路。所有對生命的體解、想要解決的問題，或所有處理疑惑的方法，就是出家一途。那種經驗，也是一種森羅萬象皆說法的清楚展現吧！

不過我更相信，那是因為他的出家心念已經專注到一定程度，所以所見所聞都能匯歸到同一個主題，而自然地煥發出互動增長的力量。一方面心念會導引他去搜尋相關的訊息，一方面所有的見聞都增強著他的信念。

最近辦公室頻頻出現遺失稿件、檔案的例子，毋寧說是大眾意志集體的疏離，以及對某些事物的心不在焉。同事來電告知找不到東西的窘境，以及最後失物卻又自動出現的荒唐事。雖說這都是一些事相的遮障，但同事卻又笑著說；「也是心念的遮障吧！」

記得每回找不到一份明明剛才還在看的稿件，或幾個人傳來傳去就丟掉的公文時，大家就會嘲笑我們幾個不良紀錄慘重的「瞬間失憶症」患者。或者明明要開會了，還有人沒進辦公室，並且接到通知後，露出完全不記得的尷尬相。其實，這也都是心念的遮障。

這些遮障倒不見得是被什麼矇住了，而是自己心念的專注與缺漏。當你在意某些事情時，專注其中的心力絕對不會使你遺忘相關事宜；可是如果那些事情對你的心思而言，只佔著無可無不可的地位，那麼遺忘有時候甚至是潛意識的蓄意。

在收藏每一份記憶時，我們也都是如此地在收藏的那一刻為那些事情定位吧。重要的，就放在一個不需刻意記憶的空間，然後那些事情會隨時不經意地流出，讓你很難真正遺忘，甚至每回憶一次，再幫它加深一次分量；一些不太在意的，就放在可有可無的位置吧，有時經過提醒，它們也會隱約被記起，但大部分時候，就會被逐漸沖淡，乃至猶豫著是真實的還只是一個模糊的夢境呢？

於是生命的底層便被放置著許多被自己的心念切割好的一塊塊記憶，這些記憶也牽動著我們再往前去吸納或進行新的因緣。我們以為因緣自來，其實「因」總會牽引著「果」的成就。

只是因為這些心念都是從自己心裡流出的，所以伴隨著這樣的因緣而來的種種順逆，也要不迎不拒坦然地面對與接受。這可能也才是真正用功的初始點。無論選擇的是什麼，在隨之面對的苦樂覺受之前，用一點勉強的心來學習並享受，常常還會撿拾到意外的樂趣呢！

而且說到底，順性的歡愉有時帶來的是懈怠後的懊惱；而勉強中的精進，在攀爬到某個位置後，回頭一望，晴空碧野，哪裡是逃避艱苦時想像得到的？

心靈處方箋

精進有時也需要勉強的

體檢失念煩惱

曾與朋友回想共同經歷過的事時，
發現彼此所記得的有很大的差異嗎？
甚至連回憶中的談話，
內容也大不相同？
你認為是什麼原因造成的呢？

散亂

對於一切與自己相應的內外境因緣，產生心念的騷動，會造成正定無法成就，甚至開發出種種有問題的世間聰慧。有時散亂也會有躁擾的現象，此種躁擾，也會使身心反應紛亂不安。

透視散亂煩惱

散亂煩惱是一隻具備擴張力的怪獸，只要你與任何內外情境交手，它就會隨機擴張領域，讓你的心抓不住，跟著它的擴張紛擾漫漶而去。

聽到喜歡的聲音，心就飄過去聽，原本在做的事就被打斷；看到路人的裝扮，無論當時你在跟誰說話，心裡在想什麼，也會被牽動，開始評判這樣的裝扮如何如何，或自己可以如何變化。

對修習禪定的人來說，散亂正如一隻獼猴，跳躍式的心思，東奔西走無法指揮，更別說要控制。

但這樣的散亂，有時會被誤解為反應靈敏，一心數用，甚至拿來自我訓練，如何隨時眼觀四面，耳聽八方，即時反應，卻不知道，只有當心真正的安住與寂靜，才能對你的感官知覺指揮若定。

散亂煩惱

生命能量補給站

我有一個祕密花園。

窗外陽台邊上有一株豔紫色的三角梅，花與葉的比例開得正好時節。黃昏，對著電腦看資料的我，突然回頭，深藍色的帆布窗簾只往下拉了一小段，正好停在開得豔豔的花上一兩吋。昏黃的光影，對街人家家裡的橙色小燈，就透過深藍的布簾與豔紫色的三角梅映出一幅角落的風光。有種日本趣味的精緻，尤其向晚的涼風徐徐吹過時，還隱然有股孤寂的自生自美。

每當朋友來電，我就會窩在這個小陽台與朋友說著話，半開放的露台感覺得到自然的變化。有時雨淅瀝瀝的聲音也來作伴；有時晨光初露，感覺好精神；秋老虎熾烈時，隔著窗簾，只有餘溫，沒有燥熱；有時黃昏了，甚至夜深

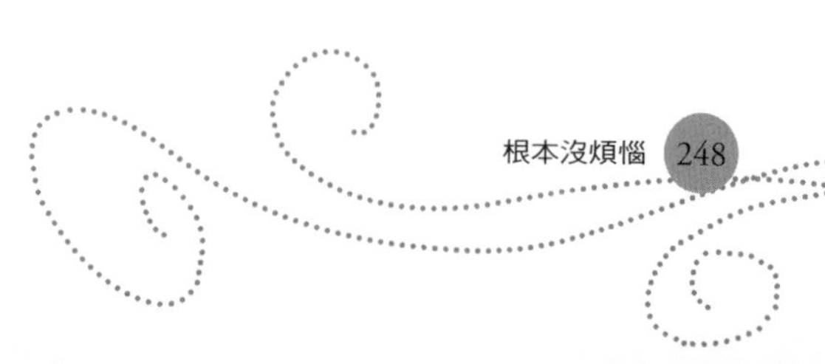

了，故意不在露台上點燈，說起話來有一種祕密的快樂。

這個祕密花園，彷彿是一個能量的補給站，除了這些景致，我把所有的佛經、佛學書籍都羅列在此。有時，靠在小小的藤椅上，深奧的書，似乎也可以像呼吸空氣一樣輕易地吸入，就像經典裡說的，一種正聞熏習，像香，也像風，是可以自在地閱讀，並且以深呼吸的方式享用。

這樣的一個所在，常常也是平衡科技最重要的轉接點。

自從寫稿、查資料都逐漸改用電腦之後，手的書寫變得艱難，寫不了幾個字就手痠；翻閱書籍查資料，總覺得不耐。這時，我就把紙筆端到陽台，就著自然光放鬆心境寫著、讀著。

自然界彷彿有一股力量，讓人不再急迫與焦躁，呼吸沉穩之後，心力也慢慢能專注在手上的動作，一筆一筆，就寫得慢也不煩躁了。

黃昏時刻，帶朋友在住家附近的公園散步，坐在搖椅上隨意晃著聊著，遠處半高不高的樓房與月牙，在淡橙色的背景下，有一種插畫、童書與卡通的溫暖與悠遠，夜來香也來湊興。朋友說：「這樣就是幸福吧！」

前一分鐘才感慨時機紊亂的現實環境，這時彷彿有一種舒緩。時機再壞，畢竟是現象，心還是可以找到出路的。心的出路就在這亟待重整的時空環境中，先找到自己生命能量的補給站，才能面對困局而不焦慮苦悶吧！

雖然環境有一股隱然墜落的沉重感，雖然聽聞的都是景氣的衰頹，可是，趁這個時節，重新想清楚物質與精神的平衡點，也是一種難得的新生因緣。可以剔除的生活雜質，就順勢清一清，正好也讓自己在這樣的時節中，重新換回更沒有負擔的生活。

你的祕密花園在哪裡呢？

心靈處方箋

找一個心的祕密花園

散亂煩惱

一串ZZZ的符號

佛堂，有一間經常灑著陽光的佛堂，是工作中最幸福的所在。

工作如果是事情本身，其實倒不會忙到令人起煩惱，反而因為可以專注其中，而拋下其他的煩擾。辦公桌與電腦桌貼著落地窗成一個L型，有時候改著稿子，思考著編這樣一份雜誌，究竟能給讀者帶來什麼營養的心靈糧食，還會有一種幸福感。累了、乏了，還可以靠在窗邊觀望著窗外的遠山，以及貼著山邊的浮雲；偶爾飛來的大蝴蝶，斑斕絢麗的高彩度，甚至讓電腦裡的文字都生動起來。

但是工作當然不會一直是守著文字、守著讀者，有時候忙不迭地奔走各辦公室溝通協調，或者就在講究溝通而明明話說了半晌，彼此還是無法進入彼此的內在世界，意志之間甚且交錯而執著著，就最好趕緊進到佛堂裡，路程中有些遙迢，一邊就可以練習著觀呼吸，看著自己平日鮮少注意的呼吸原來已經急促如此，趁機調整調整。待進到佛堂，先跟佛菩薩懺悔，又讓外境擾亂了心緒，再好好發個願，檢視一下紛亂的來源。幾番拜佛下來，說是抱佛腳也不為過，但至少跟佛菩薩說說話，看到了自己混雜的思緒，慚愧之餘，又過了一關。

如果拜佛也還心亂，就靜靜盤腿坐一會兒，逐漸調勻的呼吸與思路，也會讓這一趟佛堂之旅圓滿起來。

此外，還有女兒法寶一個。看著女兒錯別字一堆的日記本，光看著錯字就笑翻，可以每一篇都把「知道」寫成「知到」，也不知道究竟知了什麼？到了哪裡？然後，這個才小學三年級的寶貝，會在沒有人要求的情況下，自己攤開本子寫著：最近沒寫日記，因為太忙了。問起她忙些什麼？咕嚕咕嚕笑成一團。

最耐人尋味的，是她居然寫著：「晚安，ＺＺＺ」不禁為著因忙碌而少陪她感到心疼。有時晚回家，讓她連道聲晚安的機會都被剝奪。想到這一個可人兒，世間塵擾似乎也消退不少。

當然，開車來去上班的路上，也是一個調整身心的最佳空間。那完全不受干擾的時空裡，佛曲清涼地傳送著寧謐與法喜，進出之間，身心就逐漸地安頓下來。

或者，當心思亂到理不出頭緒時，案頭總有讀不完的糧食。聖嚴師父的書、經典、祖師大德的故事與印證，總會即時送來一份安定的力量。讀著讀著，一邊起慚愧心，一邊安然自得悠遊其間，什麼是煩惱？早就隨著字裡行間消散無影了。

常被人笑情緒來得急去得快，來得急的部分正是自己最該修行的關鍵，去得快得感恩這些些許許點點滴滴的福分。其實看起來都是這樣小小的水清涼地流過，但只要流淌過心一分，也就安然多了一分。而生命，不也就這樣又在安然中多停駐了一分？

散亂煩惱

喧鬧中長出的寂靜

那日是氣象預報今年將有冷極寒冬的第一波寒流來襲的日子，穿著不是很厚重的冬衣，從熱熱的人潮中走出，東區的街道上滿是人群，花紅葉綠得好不熱鬧。有點被天氣與昏濛演講會場弄得迷悶的我，決定試著在熱鬧的街上，接接看腦袋裡的清明頻道能否在這樣的時空下接通？

就像惠敏法師對念佛的開示，是我們要藉著念佛與西方淨土接上天線與頻率，力道要準準地射向西方佛國，這樣念出來的佛號才會夠力。

而那一刻，藉著清涼的東北風以及不小心飄落的細雨，鬧熱滾滾的街衢也可以變成清涼思考的最好場景。

很久沒有離群索居了，在紅塵喧囂中讓自己體會孤絕的況味，其實不難也

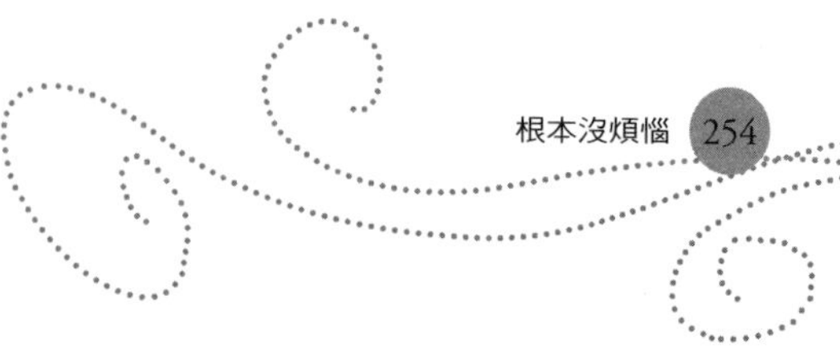

很美。在最繁鬧的地方，讓自己品一品絕對的安靜。

只要心真的很安靜，所有的聲音會化掉，進不到這處不受打擾的天地。可是如果心不能真的體會那種寂然的「止靜」，即便給自己一塊無人的處所，心還是飛來飛去，動個不停。所有的聲音都會湧入腦海裡，變成一些雜訊。

接不接得到寂靜的淨土，不是靠距離或速度，而是靠心的安靜度。每次燥熱不安時，就給自己一個功課，觀一觀自己的心在哪裡？是動的，動得像停不下來的心電圖；還是夠安靜，聽得到自己起心動念中的微細紛擾。

而一個人對環境、對身旁的人夠不夠細膩、體貼、柔軟，好像也得靠一顆絕對安靜的心，那時才聽得到別人或環境裡微細頻道的流轉。因為在自己心聲最喧鬧的時刻，根本聽不進任何外來的聲音。那時的耳根，看似恆常地張開，其實早已闔上。

記得以前在學校上那種下午連續兩三堂的無聊的課，教室裡除了老師嗡嗡說著聽不太懂的話，小小的連桌椅上擱著厚重而沒有標點的老書本，教室寂靜極了，可是那不斷望著窗外校園中漫天漫地豔麗繁花的心，卻熱鬧得起勁。

萬一有誰在昏沉瞌睡中不小心把厚沉的書打落，「砰」地一聲，在寂然的教室回音裊裊時，會發現其實安靜與喧鬧，似乎就與外境沒有太必然的關係了。

車流中，心一直在與自己對話，妄念紛飛，比街上的人潮還洶湧；可是一旦清楚了，那份安靜，又似乎完全不受車聲、人聲的干擾。這樣一個午後，從天光走到昏暗，街燈慢慢亮起，招牌與霓虹開始閃爍，而究竟心燈有沒有跟著亮起？

心靈處方箋

保持一顆安靜的心

不正知

對於所觀察的外境，以謬誤的方式理解、分析，結果產生種種對正知見的障礙，甚至詆毀、破壞正知見。

透視不正知煩惱

不正知煩惱不是尋常的怪獸，它有豐富的學識，也有敏銳的思惟與辨識力，對於所接觸的外境，總能理解、分析、歸納、評斷出獨特的想法。

問題出在它所分析、判別的標準，常常緣自一個最初的謬誤開端，也就是「癡煩惱」的作用。對於正確的知見它不但無法領略，甚至會難以接受，可是又對自己無法體解的狀態，產生詆毀與破壞，這是與「慢煩惱」、「邪見煩惱」都相結合的反應與作用。

如果你認定了一個價值標準或理解世界的方式是唯一的真理，並以之批判所有不相容的思想觀念，只要不相應，便是錯解，最終失去的不只是對正知見的接收機會，也是逐漸窄化的生命容量。

不正知煩惱

騙久了也就相信了

很多時候，都活在自我欺騙的世界中，然而最可怕的，是自己居然也不知道那一切都是自己構築的美麗虛妄世界。有些事情，用一定的方式想久了，說多了，對自己也對別人催眠久了，甚至會把那原本只是一己想像的故事當真。

女兒最近常使出一招怪招數，也不知道是她自己發明的，還是電視學來的。每當我發現她做了一件可能要叫過來碎碎念的事情時，她總會跑來眼前，手指著我的眼睛繞圈圈說：「這是妳的幻覺，這是妳的想像，妳沒有看到，沒有這回事。」

初初聽到，簡直好氣好笑，仔細想想，倒還一針見血呢！

哪一次，我們聽到了一句話，看到了一件事，不是用自己的想法去思惟去

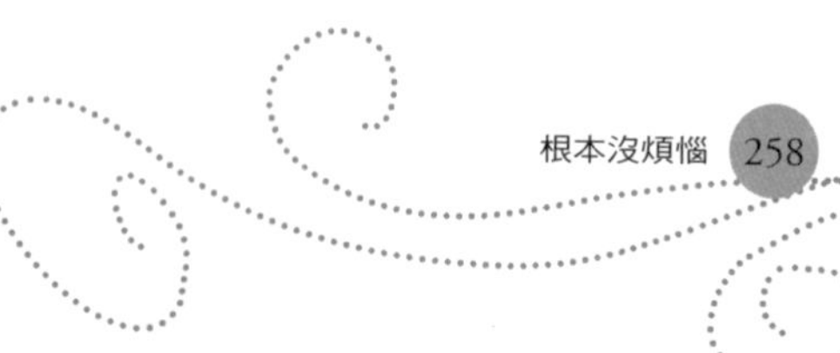

判斷的？而人無論是經驗的有限，或是知識的障礙，所下的判斷與理解，常常是片段而不實的。最可怕的還不是不實，而是透過情感的作用之後，以自己的喜好與想像，明明把事情扭曲了，卻還不自知，甚至從心底壓根就認定，自己所想的、所認定的才是真的。

萬一，有些許不確定時，我們也會找到一些理由或認為的證據來支持自己。有的人透過卜卦算命，有的人透過同道的眼光，有的找到任何可以牽強附會的蛛絲馬跡，就彷彿給自己打了強心針。於是，一句原本單純或甚至毫無意義的話語，就成了呈堂證物，足足讓自己營造出一個屬於自己所相信的世界。

如果沒有任何反省覺察的機制，恐怕就會一直活在這樣的虛妄迷幻的世界，而無法知悉自己在一開始就錯判或押錯了注呢！

這就是唯心所造的最清楚不過的警訊吧！

近日讀到書上說，修行念佛三昧時，會見到佛來眼前，甚至與自己問答、為自己解疑。可是，要體悟的，是這一切都唯心所造，只是定中所見，沒有佛來，也沒有眼前的彷如真實的問答。要得到這樣的體會，才能明瞭因為一切唯心所造，所以也都是虛妄的。最終，要能不以音聲形象見佛，才能真正見佛。

然而世間的一切都彷彿那麼真實，要能勘破這一層，還真是不容易。電話裡的聲音清晰可辨，眼前的人也絕非幻影，說的話，發生的一切故事，也從來不是幻覺；但如幻的是那過程中的心念吧！無論對方說了什麼，無論自己參與了什麼，唯有清楚地知道，心念的覺知是有限的、是變化不定的，才能不陷入那種對永恆不變事物的期待，以及一旦變化後的失落沮喪吧！

心靈處方箋

建立反省覺察的機制

流轉在共同意識裡

舌頭上嚐著的，是酸苦的褐色液體，鼻子嗅著的，卻是濃烈的香氣。陽光窗邊的咖啡店，可以看到行人匆忙的身影，恰與咖啡店裡的休閒氣味形成一個對比。朋友說起最近的體會，說看到「共同意識流」這個概念，讓他想起共業這個佛法的符號。瞬間，我們好像進入了一種共同意識，我微笑地看著一室尾隨咖啡香氣而來的顧客，想著，這便也就是我們這個午後的共業吧！共同意識裡流著的就是嚐著與聞著大相逕庭的褐色液體嗎？

不過這個話題並沒有在色聲香味觸就停住了，我們想起所謂的共識，到底與共業的形成是不是循著一樣的軌則而來？

生命的流轉、生活的行進，都是心識的作用。一個人如此，兩個人也是一樣，即便是一群人，又哪裡逃得開這種心識決定身心樣貌的本質？而一個群體裡的集體意識，便造就出一個團體的氣味。企業經營者說那是企業文化、企業氛圍，我們也常會發現，某個社群的人就會長著相似的面容，尤其是蘊含著類似的氣質。不過，究竟是流轉著的共同意識流的吸力太強，所以類似的意識組成分子便不自覺地被拉近那個旋流裡？還是透過一點一滴共同的影響力，也可以讓小個體逐漸像滾雪球原理般，把原本不是那麼類似的意識，匯聚成一個愈來愈神似的集體意識流，而逐漸地，原本有些不是那麼相近的獨立個體，也就更加群體化了，於是原本殊異的特質，便融在其中難以辨識。

修行最容易被錯用的，就是後者的運作了吧。許多人以為，放下我執，放下自我，而融入大我的共識中，便是所謂一起來成就一個共同的願景。可是如果這個群體裡的人，對學佛的最終目的尚不理解，或者只是憑著一股熱情，而非理性的體解加入，是不是會使這個意識流變成盲流呢？

在這樣幾近盲目的共識中，人心很容易被一種多數意識所催眠，當一群人運用著類似的語言，互動著相似的價值觀時，偶爾的清醒會變成一種失群的惶恐；與眾不同的思惟方式，也會因其特立獨行而在引人側目的眼神中被譴責。

於是所有的價值判斷與看待世間的標準，便必須以這個可能是盲流的集體意識為依歸，甚而形成一股強大的審判力量。如果你是這個已經由盲流變成漩渦裡的清醒者，就要面對究竟要以更大的力道擺脫，或遮障清醒隨流而轉這樣一條省力而可能漫長的路了。朋友笑著說：「其實順或逆著漩渦，最終都會離脫漩渦。逆著走可能快，但要對抗集體意識本來就難；順著走路會迂迴久一點，可是要耐得住，既不會眩惑於共同意識，也不會被干擾。」想起聖嚴師父說過，修行的路最終是孤絕的。不能依賴也不能期待任何人或團體，否則無論是哪一種情，即便是道情，也是生死流轉的因。

但是這種共同意識凝聚而成的共業，也並非完全無解地不可轉。雖然一點一滴心識的力量難以對抗集體意識，可是如果連一時的孤絕都不忍撐，當然就更沒機會翻轉。看著大環境的種種無奈與歎息，似乎正給現代人一個難題呢！

國家圖書館出版品預行編目資料

根本沒煩惱／辜琮瑜著． -- 初版． -- 臺北市
：法鼓文化， 2008．07
面； 公分． -- （琉璃文學；12）

ISBN 978-957-598-433-5（平裝）

224．517　　97010419

琉璃文學 12

根本沒煩惱

著　　者／辜琮瑜
出　　版／法鼓文化
總　　監／釋果賢
總 編 輯／陳重光
責任編輯／張晴
封面設計／洋蔥設計有限公司
內頁設計／陳孟琪
地　　址／臺北市北投區公館路186號5樓
電　　話／(02)2893-4646　傳真／(02)2896-0731
網　　址／http：//www.ddc.com.tw
E-mail／market@ddc.com.tw
讀者服務專線／(02)2896-1600
初版一刷／2008年7月
初版五刷／2019年11月
建議售價／新臺幣280元
郵撥帳號／50013371
戶　　名／財團法人法鼓山文教基金會－法鼓文化
北美經銷處／紐約東初禪寺
Chan Meditation Center (New York, USA)
Tel／(718)592-6593　Fax／(718)592-0717

法鼓文化